Marcel Nuss

Le quotidien des jours qui passent

©Autoéditions – Marcel NUSS
Dépôt légal : Octobre 2022
Couverture : Jill NUSS
ISBN : 978-2-3224-4093-1
Édition : BoD – Books on Demand, info@bod.fr
Impression : BoD – Books on Demand,
In de Tarpen 42, Norderstedt (Allemagne)
Impression à la demande

Le Code de la propriété intellectuelle n'autorisant, aux termes des paragraphes 2 et 3 de l'article L. 122-5, d'une part, que les « copies ou reproductions strictement réservées à l'usage privé du copiste et non destinées à une utilisation collective » et, d'autre part, sous réserve du nom de l'auteur et de la source, que les « analyses et les courtes citations justifiées par le caractère critique, polémique, pédagogique, scientifique ou d'information », toute représentation ou reproduction intégrale ou partielle, faite sans le consentement de l'auteur ou de ses ayants droit ou ayants cause, est illicite (article L. 122-4). Cette représentation ou reproduction, par quelque procédé que ce soit, constituerait donc une contrefaçon sanctionnée par les articles L. 335-2 et suivants du Code de la propriété intellectuelle

## Manque

Toutes ces nuits
et ces jours
sans toi
loin de tes bras
ta chaleur
ta douceur voluptueuse
et ton amour
le sourire de ton amour qui vaut tous les discours
le temps passe
toi là-bas
moi ici
toutes ces nuits
jusqu'à ton retour
et le désir qui croît
jour après jour
en pensant à toi
à nous
sur cette voie
qui exige tout
l'amour est fou
fou
de toi

## Gratitude

À mes deux amours

Les malices du destin
connaissez-vous ces malices-là
celles qui se rient de la morale et des principes ?
Liberté chère liberté
sans qui rien n'a véritablement de sens
Je les aime d'amour
allez savoir pourquoi
est-ce important d'ailleurs de savoir ou de comprendre

je les aime un point c'est tout
et elles m'aiment itou
Doux anathème
je les aime
je leur dois tant
tant de bonheur tant de lumière
d'amour et de sérénité
Polygamie des cœurs
polyphonie des sentiments
polychromie des corps
vivre est tellement simple entre libertés partagées
et ce destin facétieux
qui nous a drossés sur la même plage
Je suis béni des dieux
il fait si bon être vieux
sous certains adages

## Pourquoi

Pourquoi toi et pas une autre
pourquoi nous et pas eux
pourquoi la vie pourquoi la mort
pourquoi ceci pourquoi cela

Parce que c'est toi et pas une autre
parce que c'est nous sur le même chemin
parce que la vie c'est l'amour
parce que je t'aime sans détour

Qu'importe pourquoi peu me chaut comment
je suis nu face à toi
sans marcel sans falbalas
je suis nu et plein de joie

L'amour se vit la vie s'aime
en faisant fi des pourquoi et des comment
parce que l'amour tout simplement
parce que la vie est sans paravent

Qui es-tu amour infini ?

Qui es-tu
douce épouse astrale
femme stellaire
qui s'élève vers les étoiles ?
Je n'ai pas ta sagesse
je n'ai que mon bon sens
à t'offrir
toi si grande et si petite
si forte et si fragile
si clairvoyante et si naïve
toi qui as la vie devant toi
mon amour indicible
au cœur de joie
si libre et si vraie
Je suis un vieux chêne
auprès de toi qui crois
un chêne plein de sève
et de joie
je tutoie les étoiles
mais je ne les pénètre pas
je suis un terrien à la glaise sensuelle
un amoureux de l'école buissonnière
depuis que je suis sous ta Lumière
Qui es-tu
ma douce étoile ?

Vibrato

Entre esprit et chair
spirituel et sensuel
devenir homme
épanoui

lorsque la liberté danse
de l'une à l'autre

la vie rayonne
intense

entre amour et amour
spiritualité et sensualité
la plénitude du sentiment
de complétude se déploie
entre bonheur et bonheur
sentiments et sensations
être vibrations
gorgées de joie
entre elles et moi
le Ciel et la Terre
vivre est un rire
à deux voix

la vie est belle
auprès d'elles

## Voyage

Dans tes bras enveloppants, je voyage.
Dans ton cœur accueillant, je voyage.
Dans ton être rayonnant, je voyage.
Dans ta sensualité généreuse, je voyage.
Dans ta présence amoureuse, je voyage.
Dans ton désir exaltant, je voyage.
Dans ton sexe envoûtant, je voyage.
Dans ton amour pétillant, je voyage.
Mon amour, je voyage où que tu sois.
De cœur à cœur, de corps à corps, je voyage dans des contrées aux lumières iodées qui fleurent une douce liberté.
En pensée, je voyage vers toi jusqu'à te ressentir sur le rivage d'une mémoire partagée.
Je voyage. Je voyage. Jusqu'au prochain accostage.
Je voyage dans le temps suspendu qui nous sépare et nous rapproche.
Je voyage dans la galaxie de l'amour, sans frontières ni détours.
Je voyage.

## Au bonheur de vieillir

Combien de soleils se sont couchés au-dessus de ma tête ?
Combien de soleils se sont levés sur ma vie ?
Combien de saisons faites de jours et de nuits, de lumières éblouissantes, de clairs obscurs radieux et de temps chahutés ?
Combien de rires ai-je entonnés ?
Combien de larmes, de doutes, d'errances mais aussi d'évidences et de convictions ?
Combien ? Je ne sais plus mais quelle importance ?
Tout se dilue et se fond en une vie. Un homme. Un corps, biscornu mais un corps. Un esprit. Une âme.
Et l'amour.
J'ai l'amour que je suis.
Je suis l'amour que je donne.
Je suis mon bonheur, l'explorateur de moi-même, de la lumière aux ténèbres.
Je suis l'amour que la vie dépose à mes pieds, fleurissant mon cœur d'éternel transi.
Je suis la somme de leurs cœurs, venus nourrir ma vieillesse sans âge de leur fraîcheur infinie.
Je ne suis pas sage et trop vieux pour le devenir, je ne suis qu'un humble mécréant de la vie.
Au bonheur de vieillir tout resplendit lorsque demain se conjugue aux présents de leurs regards épris.
Et cette sérénité que l'amour transcende avec l'allégresse de celui qui a vécu intensément.
Je suis la liberté que je m'octroie.
Et l'amour qui m'enivre délicieusement.
Qu'il fait bon vieillir au coin du feu de leurs bras !
Demain est un autre jour, un nouvel écho de mon éternité.
J'ai l'âge de mes sentiments.

## Je n'ai plus d'âge

Je n'ai plus d'âge depuis longtemps
j'ai la jeunesse de mes amours
et la vitalité de leur rayonnement.
Je suis confit au-dedans et déconfit au-dehors
pourtant je vibre toujours passionnément
j'ai les bouffissures du temps
le corps grippé mais tellement ardent.
Bien sûr je n'ai plus 20 ans
puisque je suis éternel maintenant
j'ai la jeunesse de mes amours
que les rides caressent tendrement
Quelle est cette fougue qui me rajeunit
de jour en jour pour les siècles des siècles ?
Je n'ai plus d'âge depuis longtemps
pourquoi faire je suis mon propre temps.

## J'ai honte

J'ai honte à ma France.
Où sont passés les Lumières,
que sont devenus les Hugo, Zola et Schoelcher,
où sont les Jaurès et les Mendès d'antan ?
Le Peuple est seul à défendre la démocratie,
ils ont mis leurs œillères d'idéologues bornés,
comme une muleta de bonne conscience,
pour gouverner à l'abri de leur cénacle.
Rien n'est pire que l'aveuglement des dogmes,
la violence attise la violence, vous le savez.
Pourquoi provoquer une insurrection ?
Qu'ils sont pathétiques ces intellos sans horizon,
ignorant que la supériorité est une faiblesse
de novice ou d'arrogant mal dégrossi.
Qui sème le vent récolte la tempête,
qui sème l'amour récolte la lumière.
La souffrance, la misère, les injustices

appellent à de l'humilité et de la solidarité.
Pas à cette guerre de tranchées que vous imposez
sans discernement ni panache. Par fierté mal placée.
Pourquoi, *ô ministres intègres*[1], ne prenez-vous pas
un casque et un bouclier pour aller en première ligne,
courageusement, auprès de ceux
que vous offrez à la vindicte de la foule excédée,
délibérément excédée par vos ordres irresponsables.
J'ai honte à ma France,
si belle et si diversifiée.
Vive la liberté !

## Aveu

Je n'ai que les mots
vers sans rime ni saison
poésie née de l'homme dès sa première extase devant un arc-en-ciel ou peut-être une femme
je n'ai que les mots pour dire pour faire le tour de la Terre
embrasser l'univers à mes pieds
partager l'amour
et puis les doutes et les mystères et la souffrance cette souffrance si humaine
et les envolées lyriques devant un parterre de fleurs orné de papillons folâtres
je n'ai que les mots pour dire la vie qui foisonne derrière l'apparence
que les mots pour dire l'apparence si insignifiante à bien y regarder
si subalterne face à la victoire de la vie
de la vie sur la mort de la mort sur le fatalisme
je n'ai que les mots et l'amour
l'amour des mots et des femmes qui m'entourent

---

[1] Ô ministres intègres !
Conseillers vertueux ! Voilà votre façon
De servir, serviteurs qui pillez la maison !
*Ruy Blas* de Victor Hugo (toute la tirade édifiante peut être lue ici : http://lechatsurmonepaule.over-blog.fr/article-v-hugo-ruy-blas-bon-appetit-messieurs-o-ministres-integres-122230730.html).

femmes que j'aime et que je désire ardemment
et la jouissance de tous les sens en éveil
et ce mouvement indéfinissable qui m'anime comme une vibration venue d'ailleurs
et exalte le jour le temps qui passe et l'éternité de l'instant le Vide sublime qui nous habite
dire la beauté tout simplement et le rire la magie du rire
l'ombre dans la lumière et le coin de lumière qui frémit en chaque ombre
je dis les mots pour vous dire la relativité de toute chose et son absolu vulnérabilité
ils s'éteindront avec le souffle qui se fondra dans les astres
Tout n'est que fusion interpénétration tel un inépuisable coït des énergies
Je n'ai que les mots pour dire
et mon cœur pour aimer
femmes qui me transcendez avec légèreté

## Je t'aime

Je t'aime
je n'ai que cet amour à t'offrir
pour apaiser les tourments qui te déchirent
je t'aime
toi aux douloureux soupirs torturés
par un amour mort avant d'être né
je t'aime
laisse le temps au temps de cicatriser
laisse le deuil faire son temps de maturité
je t'aime
je n'ai que mon amour à t'offrir
je n'ai que ma présence pour t'apaiser
je t'aime
mon épaule t'attend et mon cœur aussi
rien ne peut remplacer le temps d'une vie
je t'aime
le jour se lève toujours à un moment
le bonheur appartient au détachement

## Ma fille

Si belle et si douce
le cœur chancelant sous les bourrasques de vent
si forte et si fragile en même temps
garde ta voie même dans les tourments
des tourments tu en auras d'autres
au milieu des éclats de soleil
la vie est un chemin sans pareil
qu'importe les regards pourvu que ton âme garde sa fraîcheur
nous sommes seuls profondément même entourés de mille gens
solitude illuminée par l'amour et la vérité
cette vérité qu'il est si difficile de partager parfois
mais qu'il est si bon d'explorer en soi
cahin-caha
vas
vas ton chemin je ne serai jamais loin
ma fille au regard d'azur

## Sagesse

Ma généreuse sagesse méridionale
ma douceur angoissée
par ces ombres qui rôdent autour de ta sérénité
ma lumière vacillante dès que le jour pointe en toi
pour te guider vers la liberté qui te tend les bras
mon ineffable volupté gorgée de générosité
et d'irrésistibles envolées émancipées
comment ne pas t'aimer comment ne pas m'extasier
comment ne pas fondre devant tant de désarmante vérité
j'aime ta nudité limpide si libre et détachée
des chaînes qui empêchent la vie de respirer
je t'aime ma liberté je t'aime mon adorée
Sophie ma folle déraison ma légère émotion
je t'aime du haut de toutes mes saisons
je t'aime

## Polychrome

Tu as le cœur dans les yeux
dans ton regard de femme bleu
bleu comme le Ciel qui inspire les âmes
Tu as les yeux foisonnant d'Esprit
emplie d'une spiritualité débordant de vies
vie d'étoile surgie de la plénitude du ciel
Tu as l'esprit regorgeant d'amour
amour de lumière vibrant de sérénité
que tu sèmes avec une douce prodigalité
Tu as le cœur tellement généreux
que le bonheur a la beauté d'une fleur
qui aurait la polychromie de ton âme
Que j'aime la vie sous ton oriflamme…

## Danse

À Sophie

Mon corps chante
mon cœur aussi
mon esprit ronronne sous tes doigts épris
j'aime ta bouche qui me donne vie
son sourire si doux et généreux
son regard coquin lorsqu'elle s'ouvre sur l'infini
j'aime tes cris lorsque tu t'épanouis
que tu te régales des jeux de l'oubli
temps suspendu dans la fulgurance de l'instant
j'aime me perdre entre tes bras
j'aime l'amour que tu déploies
tout mon être danse quand tu es là
qui es-tu ma douce joie ?
Je t'aime
je crois
je t'aime

## Cocktail

Prenez un alsacien et une catalane
prenez-le plutôt vieux et vieilli en fût de chêne
prenez-la un peu plus jeune et liquoreuse
ajoutez de l'amour, abondamment
du désir, généreusement, et du rire
mélangez-les énergiquement
laissez-les s'infuser avec extase
dégustez le breuvage sans modération
buvez jusqu'à l'ivresse des sens
amour alcool sublime des cœurs en goguette
Douce griserie d'un bonheur simple
comme le chant d'un oiseau épris

## Ma lumière

Ma zénitude, dans la chaleur d'une sagesse partagée, je te sais t'élever avec un amour indicible vers un Monde empli de mystères et de sérénité. Dans la rigueur du temps et de l'esprit en éveil, tu respires l'énergie de ton Soleil sans pareil. Sens-tu le chemin sous tes pieds qui monte vers la Vérité ? Ce Ciel qui n'appartient qu'à toi, ma douce limpidité. Engagement suprême sur un versant escarpé d'exigences et de pureté. Cela te va si bien, si bien je trouve. Comment ne pas t'aimer, comment ? Je ne le peux pas, je ne le veux pas, ma petite nourriture Céleste, mon ange venu d'ailleurs.
Je t'attends, ma lumière. Je t'attends paisiblement blotti dans notre havre d'amour et de liberté, et mon silence d'outre-Terre. Vivre est tellement simple auprès de toi que les jours passent avec une légèreté pleine de joie. Je t'aime, je crois. J'aime qui tu es ici-bas. Tu me grandis sans le moindre bruit. Même loin d'ici. C'est ça la vie. C'est ça l'amour. Je suis un bohémien de l'amour ivre de vie et de désir, je déambule sous les arbres sereins qui m'entourent comme on se promène dans l'Infini, ma lumière.

## Dans tes bras

Dans tes bras, mon amour, dans tes bras, le temps coule telle enregistrer sa une source infinie de joie. Infiniment douce et apaisante. Si apaisante, mon amour, toi si loin et si proche. Mon amour, si intense que le temps est suspendu au bonheur de t'aimer. Simplement au bonheur de t'aimer. De savourer cette sérénité qui nous unit dès que nos corps se rejoignent dans un enlacement indicible. Dans tes bras, mon être se dilue en une quiétude divine et se font en nous. Quelle est cette euphorie apaisée et apaisante entre tes bras qui m'enchantent et nous transportent bien au-delà de toi et moi ? Mon amour, quel bonheur de me glisser en nous jusqu'à l'assoupissement réjoui de ce bien-être qui nous éblouit. Extase. Sublime extase d'un amour éclos d'une évidence : parce que c'est toi, parce que c'est moi, parce que c'est nous, dans un élan fou, fou d'amour. Bercé par ta chaleur, peau contre peau, cœur contre cœur. Je m'envole dans un abandon à la saveur d'éternité. Qu'ai-je donc fait pour te mériter, mon amour, pour te savourer, mon amour, pour me désaltérer à ta grâce limpide qui m'enveloppe de ton amour, mon amour ? Dans tes bras, dormir dans tes bras, mon amour. Et me réveiller gorgé du désir de toi, de nous, de tout ce qui est nous en cet instant-là, lorsque le temps reprend son cours, mon amour.

## Femmes de cœur

*À Élodie, Jill et Sophie*

Vous qui m'aimez
qui m'aimez tant
d'un amour intense
intensément doux
au fond de vos yeux
posés sur mon émoi
je peux vivre maintenant
vivre sereinement
dans vos yeux flamboyant

d'un amour si doux
le cœur en goguette
et délicieusement léger
Apothéose sentimentale
dans une prose méridionale
l'amour souffle dans le sens de la vie
Suis-je au début de la fin où à la fin du début
quelque chose dans mon cœur danse
Paisiblement épanoui
le bonheur rayonne si généreusement
rayonne de vous
qui m'aimez tant et tant
femmes de cœur et d'âme
Ma solitude rit dans votre constellation
je suis un mécréant vivant
dans vos yeux caressants
si caressants

## Mon lit

Ô volupté de mon lit
au creux de la nuit
Me glisser sous la couette
me blottir contre l'oreiller
douillettement caler mes rêves
et me laisser envelopper
par la chaleur suave qui se répand
puis partir vers un divin oubli de soie
plonger profondément dans l'Absence
le temps suspendu aux étoiles
dans un ineffable abandon total
Ô la volupté de mon lit
lorsqu'elle me rejoint
et s'enfouit tout contre moi
comme dans un nid engourdi
sommeil en chœur conquis
dans la chaleur de nos corps
soudain assoupis de bonheur

## Bodhisattva

Ma lumineuse bodhisattva
sur le chemin de l'Éveil désormais
la Voie du Bouddha devant toi
je suis au pied de la montagne
à regarder le ciel et les étoiles
en attendant ton retour imminent
je regarde la terre nourricière
j'écoute le chant des oiseaux
je t'attends reconnaissant
de retrouver ta voix aux yeux bleus
tel un berger à la porte du temps
les pieds dans la glaise
et le cœur au vent
vieil incrédule souriant
qui t'attend ma douce hirondelle
ma Bienveillance Spirituelle

## Fantasme ou réalité

> À mon amour extatique,
> ma *sagesse* sensuelle

Elle mousse sur ses lèvres gorgées de délices. Sur son nénuphar extatique. Elle mouille délicieusement d'un désir ardent. Quel aphrodisiaque dans ma bouche insatiable ! Mon Dieu, quel aphrodisiaque ! Quel breuvage grisant ruisselant de sa Source béant sur une lascive félicité ! Quel nectar ! Quel divin nectar, elle me donne à déguster ! Ma Vénus.
Baisers extasiés de mes lèvres qui dansent, au rythme de son souffle, sur l'intimité charnelle qu'elle me tend généreusement. Ma langue explore, attise, joue des gammes qu'elle entonne avec mesure, telle une ode à la vie. Et à l'amour. Que serait cette mélopée sensuelle sans amour ?
L'étau de ses cuisses affamées de jubilation se resserre autour du requiem en infusion. Son bouton de rose mûri, gonfle sous les arpèges des caresses buccales et exhale des soupirs ébaubis. Son corps halète, se cambre et tressaille. Son esprit en pâmoison sombre dans l'insondable. Son regard implose, les yeux

accrochés aux étoiles. Jouissance jusqu'à la fulgurance. Jusqu'à l'acmé des sens. Et ce trille qui jaillit de sa gorge en trémolos jubilants.
Que la vue de ce ravissement est sublime et ineffable ! Bienheureux amant reconnaissant de tant de beauté offerte en libation charnelle.
Sa main légère et distraite se promène soudain sur mon visage repu, redessine le contour de ma bouche jouissive et me sourit pour ce voyage au bout de l'envie.
Avant de le saisir résolument…

## Les mots

Je suis mots
mots du corps
mots du cœur
moderato ma non troppo
mots dits mots lus mots écrits
et le Verbe fut et le Verbe sera
de chair et de sang assurément
mots sens dessus dessous
mais sens avant tout
je suis le sens de mes mots
ils sont les mots de mon essence
que serais-je sans les mots
que seraient-ils sans moi
être de mots et de vie
mots d'amour mots de foi
de peines et de joies
il y a le temps des mots et le temps du silence
le silence des mots que je suis
et que je pense
on a les mots que l'on se donne
je suis un poète ivre
de Ciel et de Terre
un sage tellement fou
de toi de vous de tout
d'elles surtout
que j'enlace de mes mots
esprit vagabond
poète uranien

## Deux cœurs

À l'orée de leurs êtres
au creux de leurs cœurs

le vent s'est levé sur la plaine
brassant les arbres en tous sens
ils dansent et clament
mon amour pour elles
soleils sans pareil

c'est si simple le bonheur
il suffit de regarder devant soi
et de le respirer pas à pas

au-dehors la nuit tombe
le feu chante dans l'âtre
je chemine au gré des flammes
avec elles je danse
l'amour qui m'emporte
vers tous les ailleurs du cœur
j'ai la vie en moi
feu de joie amoureux

À l'orée de leurs êtres
au creux de leurs cœurs

## Anathème

Jaune comme une nuit lumineuse où
Il flotte une sorte d'allégresse dans l'air
L'amour emporte tout dans son élan
Loin des bruits de la cohue insatisfaite
et des chicaneries de journées aléatoires
trempées dans les aléas d'une non-vie
Sans vous que serais-je au juste
Où irais-je sans vos fredonnements
Pleins de sentiments ailés et vibrants
Hormis me perdre dans mes égarements
Invalides d'amour et d'éblouissements
Enjoués que serais-je sans ces amours si douces ?

## Éternité

À l'ombre d'un arbre mort
la vie encore la vie encore
dans une fleur qui frissonne
la vie chantonne la vie chantonne
de l'ode au requiem
de l'aube au crépuscule
la vie toujours la vie toujours
et l'amour et l'amour

## Refoulement

Tous ces mots qui rongent et minent
et tuent tuent tuent de les avoir tus
trop tus tuent à petit feu à tue-tête
maudits maux tus et bouche cousue
ne plus les avaler s'étouffer pour qui pourquoi
libérer la parole et la tête et le corps et la vie
par amour de soi
et vivre
pleinement
enfin

## Vitalité

Vite alité
vit alité
vite allaiter
vite aller dans cette vie
haletante et alitée
vers
L'AMOUR
L'amour est vie
la vie est amour
Et ce flamboiement céleste
rose bleu se fondent
se pénètrent

VITALITÉ
je suis
je vais
vers toi vers vous
AMOUR
en marche
EXTASE

## Oser à tout âge

Toutes ces amours boiteuses
qui bégayent leur quotidien
par habitude résignation ou intérêt
toutes ces amours vacillantes
qui n'en finissent pas de finir
se sentant trop vieilles trop lasses
comment leur dire
mais comment leur dire
qu'il n'y a pas d'âge pour repartir
recommencer une autre vie
pleine d'un nouveau bonheur
d'une nouvelle liberté
qu'il n'est jamais trop tard
pour revivre et y croire
       pour oser

## Désorienté

Où est ma France ?
La République régurgite
La Démocratie procrastine
liberté de subir
égalité des naïfs
fraternité des illusions
Où est le Nord ?
Mais où est le Nord
quand une nation perd la boussole ?
Chacun pour soi
Dieu s'en met plein les poches

imperturbable et méprisant
Le peuple le peuple
qui est le peuple dans ce marigot ?
Marx sauve-nous
Jaurès Mendès-France où êtes-vous ?
J'ai perdu ma France
ou elle s'est perdue toute seule
la pauvre qui n'est plus que la manne
d'un capitalisme cynique
Même le jaune ternit...

## Elle survit

Elle survit
âme en charpies
cœur et corps meurtris
esprit mortifié
elle survit
comme pétrifiée
elle est belle elle est douce
elle est généreuse jusqu'à l'oubli d'elle-même
elle survit
comme une plaie qui ne cicatrise pas
elle subit
ce mal qui la ronge
et la plonge dans un purgatoire oppressé
un entre-deux-mondes un entre-deux-vies
elle survit
comme une hébétude accrochée au regard
un peu hagard ou égaré les jours de pluie
comme si elle n'y croyait plus
n'avait plus la force de croire et de vouloir
regardant passer sa vie
qui pourrait pourtant être si belle et lumineuse
mais elle ne croit plus en elle
on lui a trop) pris trop coupé les ailes
trop déchiré le ventre et le reste
elle survit
et je l'aime...
je ne peux que l'aimer

## Chaque jour une nouvelle vie

Je suis fou
je le sais
je suis fou de vie
d'amour de justesse et de justice
je suis fou et debout
je suis fou d'elles
d'amour d'amour fou
fou de vie
car faut être un peu fou
pour vivre malgré tout par-dessus tout
quand tout semble contre vous
je suis fou
d'amour et de vous
que je ne connais pas encore
ou peut-être jamais
mais au moins j'aurais pensé à vous
le temps d'une folie entre nous

## Rêve

Je rêve d'un mur d'eau
qui percerait mes rêves
pendant que mon regard se prélasserait dans les flammes ronronnantes de la cheminée.
Je rêve d'un voyage lointain
qu'importe où mais lointain
pour égaré mes pensées dans les parfums et les paysages sur mon chemin
croiser des regards écouter des cœurs savourer des corps peut-être aussi peut-être aussi…
je rêve de vie et d'amour et de folies
oui de folies iconoclastes et libertaires de folies douces et joyeuses.
Je rêve d'avoir mille et une vies
pour refaire le monde et me perdre dans les étoiles de galaxie en galaxie
avec mon petit-fils sur les épaules et des utopies plein les yeux

pour lui faire découvrir la vie la vraie pas celle qui m'ennuie
pour vieux avant l'âge.
Je rêve je rêve et la vaisselle m'attend et les petits soucis et
les chicaneries administratives
mais l'amour aussi surtout l'amour cet amour qui me poursuit
jusque dans
mes rêves.

## 64

64 balais printemps automnes hivers
qu'importe ça fait toujours 64
mais pas encore 65
64 vies déjà déjà ou seulement ?
Comment en avoir assez avec autant
d'amour et de liberté ?
Je prends ce qui vient
je saisis ce que je peux et ce que je veux
64 ans à oser vivre intensément
allez-y faites-en autant
la vie vous attend !

## Corps de misère

Ce corps de misère qui geint et rechigne
vieillissant avant l'heure
ce corps qui lâche inopportunément
même les jours de fête les jours de joie
ne pas renoncer ne pas céder pourtant
la vie est là la vie maintenant
toutes ces saveurs délicieuses qui n'attendent que moi
délicieuses comme la vie l'est si souvent avec nous
et elle auprès de moi et nous et l'amour
et ce panorama ce panoramique
sur un ciel d'un bleu immaculé d'un bleu d'allégresse
et la mer la mer à perte de vue qui paresse
l'horizon de tous les possibles l'horizon irrésistible
et la plage les vagues qui m'entraînent et ce voilier
et la vie la vie qui fourmille comme une ode qui dit

toute cette beauté qui s'offre en contrebas
beauté polluée par la laideur d'une ville-champignon
sans âme sans passé sans goût ni émotion
cette ville dévoreuse de paysages et de vies foisonnantes
et ces mets dans ma bouche si bons si vrais et elle près de moi
et ce corps de misère qui ne fait pas de mystère
corps rien qu'à moi allons nous distraire
vivre tout simplement les jours comme ils viennent
un jour l'horizon t'emportera corps rien qu'à moi
qu'elles aiment tant allez savoir pourquoi

## Chères projections !

Ce besoin d'idéaliser de rêver à travers les autres
de rêver sa réalité souvent bien éloignée de la réalité
voir le bonheur ne voir que lui pour mieux respirer
pour nourrir ses propres désirs ses propres espoirs
mais qu'y a-t-il derrière l'amour ? Le prix à payer pour cet amour les sacrifices à accepter les douleurs à supporter l'énergie à dépenser :
il faut le doucher il faut l'habiller le porter l'asseoir
le véhiculer l'aspirer le moucher le rassasier      ça fait rêver qui ?
C'est si fastidieux à penser à imaginer parfois
la réalité une certaine réalité dont le prix est si élevé
qu'il vaut mieux s'arrêter à la beauté de l'apparence
afin de continuer à rêver aller vers ce qu'on pense
vers la beauté plutôt que la souffrance
ne dit-on pas qu'il faut souffrir pour être beau
il faut parfois aussi souffrir pour aimer et être aimé
car ce n'est pas aisé ça ne va pas de soi ça ne fait pas rêver
de se faire laver porter torcher habiller etc. par l'être aimé tant aimer
que l'on ne peut même pas caresser et enlacer et caresser
et pourtant l'amour est là parce qu'ils sont libres et ouverts faisant fi
des diktats de la morale de la normalité et de l'anormalité
des principes et des préjugés c'est ça la beauté c'est ça la vérité.
C'est peut-être ça qui fait rêver ? L'amour est iconoclaste.

## Les chasseurs

Pan ! Pan ! Pan !
À tue et à toi dans les vignes et dans les bois.
Pan ! Pan ! Pan !
Les phallus à deux coups rugissent de joie.
Pan ! Pan ! Pan !
C'est la sortie des fiers à bras aux abois.
Pan ! Pan ! Pan !
Tuer et dépecer à cœur joie plus faible que soi…
Pan ! Pan ! Pan !
Et quel plaisir lorsqu'on a atteint ses proies !
Pan ! Pan ! Pan !
Tuer ici et matraquer à tour de bras là-bas.
Pan ! Pan ! Pan !
La violence peut essaimer partout ma foi.
Pan ! Pan ! Pan !
Il fait si beau la vie est belle alors pourquoi
pourquoi tuer à tours de bras la vie ici-bas ?

## Une histoire de temps

À mon âge, je ne perds plus mon temps,
c'est le temps qui me perd.
À mon âge, je prends le temps
avant que le temps me prenne.
Je me donne le temps,
au moins de temps en temps,
car je n'ai plus le temps de le tuer
ni d'avoir des temps morts.
Je veux savourer le temps qui me reste,
surtout par les temps qui courent
où le bonheur n'est pas vraiment dans l'air du temps.
Croyez-vous que j'ai fait mon temps ?
Que nenni, je n'aurai jamais assez de temps
pour aimer et être aimé, et faire l'amour par tous temps.
Que voulez-vous, je cultive le temps des cerises…
Et vous, que faites-vous du temps ? Des illusions ?

## Mantra

Je suis je peux je veux j'ose je vais
qui que tu sois lève-toi et vas vers ta vie
la vie ne viendra pas vers toi si tu ne la veux pas
pourquoi le ferait-elle puisque tu n'as pas la flamme
si tu y tiens vraiment dis-toi
je suis je peux je veux j'ose je vais je fais
personne ne peut
vouloir et faire à ta place
Donc crois en toi
et la vie s'ouvrira
et l'amour sera
et la lumière
en toi s'éveillera

## Iconoclaste

J'aime deux femmes
je m'enfante près d'elles
de l'une à l'autre
de Sappho à Vénus
les deux en chœur
de cœur à cœur
comment dire le bonheur
d'une telle complétude
j'aime deux femmes
si douces et si belles
sur le chemin de mon âme
allègre transcendance
de la liberté d'aimer
et d'être aimé autrement

## Agnostique

Je n'ai pas de religion
je n'ai que des fois
foi en l'amour foi en la vie foi en toi foi en vous foi en moi
une religion pourquoi faire
s'étriper avec des dogmes où chacun est le meilleur
jusqu'aux guerres de religion
on a le paradis qu'on peut ou qu'on veut
chacun ses utopies chacun ses béquilles
mon paradis est sur Terre
enraciné dans la vie une vie sans fard
qui respire avec modestie jour après jour
jusqu'au dernier qui viendra à son tour
qui viendra quand il voudra
seulement enrobé de fois
foi en l'amour foi en la vie foi en toi foi en vous foi en moi
mais surtout pas de religion
par pitié préservez-moi de cette hérésie
Dieu me comprendra certainement

## Platonique

Tendre lumière jaillit de terre pour se fondre dans l'Infini. Amour libéré de toute contrainte qui s'égaye entre cœurs et esprits. Doux amour qui respire sans bruit sous le soleil de la vie. Tout est léger, tout est fluide comme le temps qui nous unit. Je t'aime femme qui distille les étoiles dans des regards ravis. Je t'aime de m'avoir choisi, comme j'aime cette utopie qui m'a conquis auprès de toi. Je vibre jour et nuit, porté par un bonheur qui prend corps dans la chair de notre Verbe inassouvi. Le sera-t-il un jour, tant cet amour est exubérant ? Et intrigant pour l'être qui a peur d'oser s'envoler. D'oser aimer autrement. D'oser aimer librement. Tendre Lumière jaillit de terre pour rayonner sur l'Infini. Quelque chose frémit alentour lorsque tu distilles tes étoiles à l'envi. Je ne suis qu'un poète qui jamais ne se rassasie d'aimer à la folie, d'aimer autrement, d'aimer mieux. Je suis poète et rêveur définitivement.

## Bonjour

Bonjour, oiseau qui chante à l'orée du printemps en haut de la ramée
Bonjour, douceur de vivre sous un soleil caressant que l'oiseau veut attraper
Bonjour, le temps qui passe et ne revient jamais car tout est à recommencer
Bonjour, cette plénitude indicible qui m'enveloppe à l'ombre de mon regard boisé
Bonjour, la vie qui m'entraîne dans une plénitude ensoleillée par l'amour
Bonjour, l'amour qui me nourrit de sa beauté pleine de rire et de liberté
Bonjour, le temps qu'il me reste à passer à respirer le bonheur d'aimer
Bonjour, oiseau du printemps qui me fait danser dans la bonté d'une nature réveillée
Je suis vivant car j'aime la vie qui m'aime avec un sourire entendu
Je suis vivant car je suis l'amant du temps qui renaît chaque jour au présent
Bienvenus, vous qui me lisez en passant sur le chemin du bonheur qui vous attend

## Ose

Toi qui te prénommes Sagesse
ose t'ouvrir à la vie qui n'attend que toi
ose ranger le passé vivre le présent et forger le futur
ose croire en cette Lumière qui s'impatiente en toi
ose laisser éclater ta beauté et ta vérité profondes
ose aimer à bras-le-corps et ouvrir la porte de ton cœur à la vie la vraie
ose être toi rien que toi mais vraiment toi libre et sans tous ces freins qui te serinent
toi qui te prénommes Sagesse
toi que j'aime avec la légèreté et la liberté d'un poème

toi que je désire emplie de sérénité toi en qui je crois avec la
foi de celui qui ose
l'amour à cœur joie et à corps perdu
l'amour par-dessus tout
ose Sagesse
le Souffle piaffe en toi
comme un zéphyr sur ta voie
je ne suis qu'un baladin entre tes bras
ose Sagesse ose crois-moi !

## Le zizi

Ronchon et ratatiné
il est
tout recroquevillé
comme s'il était contrarié
le zizi
du papy
Elle est partie
y a plus de vie
au fond du lit
tout rabougri
le groin chafouin
il attend ma mie
bien loin d'ici
aujourd'hui

## La vie revient

Le soleil chante
les oiseaux brillent
de leur pétillante mélodie
mon âme plane au-dessus de la vie
qui se réchauffe sous le soleil qui luit
je suis en vie
tel un lézard qui se prélasse
sous les premiers rayons du printemps

## Prière de ne pas déranger

Ne dérangez pas la morale
ne froissez pas les esprits chagrins
les dogmes bien-pensants
la bienséance et les apparences
il faut savoir paraître « normé »
pour être à peu près intégré
Il est des libertés trop indécentes ici-bas
pour être mises en pleine lumière
aussi belle soit-elle la lumière
Ne laissez pas trop d'émancipations
à vos enfants faute de perdition
dans les flammes de la liberté
car c'est diablement tentant
de vivre sa propre vérité
vous savez     à condition de l'assumer

## Facteur sourire

Cédric par-ci, Cédric par-là.
Cédric s'en vient, Cédric s'en va.
Cédric sourire, Cédric joie.
Qui a un facteur comme ça ?

Colis, lettres et puis mandats
Il arrive, il est toujours là,
avec du soleil dans la voix.

Cédric par-ci, Cédric par-là.
Cédric s'en vient, Cédric s'en va.
Cédric sourire, Cédric joie.
Qui a un facteur comme ça ?

Que ferait-on sans lui, ma foi ?
Juste un mot qu'il dit parfois
suffit à revivre en soi.

Cédric par-ci, Cédric par-là.

Cédric s'en vient, Cédric s'en va.
Cédric sourire, Cédric joie.
C'est notre facteur là-bas.

## Senior

Dites-moi entre nous sincèrement mais vraiment sincèrement
suis-je un jeune vieux ou un vieux jeune
parce que en fait j'ai pas vu passer le temps
j'ai beau chercher je ne le retrouve plus
même pas sous le matelas ou dans ma brosse à dents
pourtant ils en ont vus de toutes les couleurs ces deux-là avec moi
ça passe tellement vite le temps avec l'âge
à peine le temps de le savourer il est déjà passé à autre chose
à en devenir un peu neuneu ou gâteux
radotant les jours heureux d'avant et les petites misères qui remplissent le présent
qu'on me préserve de ces désagréments d'un autre temps
j'veux pas finir en vieux con moi
j'aurais l'air de quoi franchement
ma réputation en prendrait un sacré coup de vieux
surtout aux yeux des amours de mes émois…

## Son lotus

Femme je vénère ta fleur sublime
ton lotus si beau et si doux
si chantant aussi lorsqu'il est aimé
par une âme attentionnée
fleur blottie bien au chaud
qui s'épanouit si joliment
lorsque le désir la surprend
Femmes je me sens jardinier
entre vos bras si aimants
que je ne peux que vous aimer
et vous désirer en même temps
en humant ce lotus si vibrant

## La zézette

Toute tristounette
la pauv' zézette regrette
le temps où elle faisait la fête
avec son p'tit poète
Lèvres pâlottes toutes fripées
elle toussote elle crachote
ce vilain virus qui gigote
à l'étage du d'ssus
la faisant trembler d'la tête
au pied… de la lettre
pauv' zézette frustrée
abandonnée dans son pré
sur un corps tout enfiévré
Le désir est ingrat parfois
sauf pour l'poète qui fait
des vers sur la zézette
pour passer un peu l'temps
en attendant d'autres fêtes
avec sa mignonnette toute guillerette

## Fred

Ce regard si doux voilé de tristesse
ce regard si vrai au sourire un peu gêné
gêné d'exister gêné de gêner de déranger ?
Cette bonté dans la voix cette humanité
homme de peu de foi discret ami
sois toi ose la vie et l'amour
qui n'attendent que toi
ose cette lumière cette vérité qui sont en toi
on ne joue la comédie qu'à soi
on ne vit la vie qu'une fois
ta vie t'appartient et n'appartient qu'à toi
tu es ton propre créateur ta seule créature
le personnage de ta vie d'acteur ébloui
par la beauté qui t'ouvre les bras
Ose et tu seras mon ami

## La broyeuse

Sans état d'âme
elle applique elle brise elle broie
quitte à faire fi de la loi
l'administration n'a que des proies
dont la vie n'a pas de poids
autre que celui qu'elle lui octroie
Marche ou crève de toute façon elle t'aura
Sans état d'âme
avec son cerveau de petits pois
qu'on lui résiste elle ne le supporte pas
elle raison car c'est la raison d'État
celle qui est au-dessus des lois
ou du moins qui le croit…

## Sophie

Petite souris meurtrie
au sourire doux comme le velours de ton cœur
Petite souris qui babille
plus vite qu'une volée de pies catalanes en fleur
Petite souris pleine de vie
généreuse et sensuelle dans tous tes élans épris
Petite souris je t'aime
toi qui distilles la vie sans le moindre bruit
Petite souris danse
dans mon regard attendri par ta lumière d'innocence
Petite souris tu me ravis
de ta présence aussi voluptueuse que la nuit
Petite souris je t'aime
attendrissante poésie de mon âme bohème
…
et mes pensées soudain s'envolent vers toi

## Larmes de dépit las

Larmes silencieuses
poitrine étreinte
cœur sanglotant
dans la gorge nouée
mais rien ne vient rien ne sort
larmes de dépit et de colère
trop c'est trop
les cons en enfer
ne pas céder ne pas se laisser faire
jamais jamais jamais
plutôt crever que de leur faire ce plaisir
aux cons qui polluent la Terre
de leur arrogance méprisante
de leur dédain hautain de l'autre
cet insignifiant ce sans-culotte
ce ver de terre qu'il suffit d'écraser d'un revers
qu'ils croient    campés sur leur bon droit
ne jamais renoncer à sa dignité
ni oublier l'arme de la vérité
quel que soit le prix à payer
jamais jamais jamais

je ne sais pas pleurer à force de me dresser

## On peut rêver

À Michèle Strasbach

Et le zizi des machos devint gris
gris comme l'ennui
gris comme un jour de pluie
fade et riquiqui si riquiqui
ainsi le macho s'éteignît
comme les dinosaures et les aigris
plus de mâles éructant leurs érections
juste la vie l'amour et les plaisirs consentis
La femme découvrit enfin

qu'il pouvait y avoir des hommes avec un pénis
un pénis plein de vie viril même mais gentil et affectueux
miracle de la vie de l'amour aussi
le vrai évidemment pas le rentre-dedans
plus de viles viols ni de viols veules ici-bas
un sexe c'est comme le désir ça se respecte et se nourrit
de vie non de mort

## Chère soleille

Le soleil brille chez moi
la vie est si belle auprès de toi
dedans et dehors le soleil est en joie
douce femme si pleine de foi en soie de vers
tu montes l'escalier pas à pas le cœur entre tes bras
le soleil crépite en moi je sens le silence qui caresse mes sens
tout est si paisible près de toi tout est si léger dans la maison
qui nous choie
entends-tu Jeanne qui fredonne tout n'est que vie amour et ta
présence qui me sourit
                      ma liberté     sois

## To be or not to be

Je suis le chemin sinueux de ma vie
je suis ma vie
je suis
je suis ce que je suis
tantôt par ici tantôt par là-bas
je le suis pas à pas
je suis ma mort qui me suit
je la précède ou je l'accompagne
ça dépend comment je suis
ou que je ne suis pas
et puis un ami m'a dit
laisse mourir les autres aussi
tu n'es pas éternel
alors prends le temps d'être
pour avoir le temps de préparer tes ailes

depuis je suis léger
je suis qui je suis
comment je ne sais pas on verra
en attendant je suis ma vie...

## Bruno

A-t-il foi en la loi ou la loi a-t-elle foi en lui ?
C'est tout le mystère de ce voyageur
aussi épicurien que conquérant conquis
par qui ou par quoi     que lui ma foi
a le pouvoir de vous l'avouer
sur ses campements favoris...
Facebook et Twitter réunis
c'est un grand flâneur aux doigts véloces je vous le dis
Tant que le droit règne     même un peu tordu
comme je le suis par endroits aussi
tout lui va à ce jovial globe-trotter
cet infatigable et intarissable amoureux
amoureux de la vie et de la loi s'entend
tout lui va tout lui sied à cet acolyte
ce cher juriste libertin... dans l'esprit !

## François

Il avance vers quoi
cet homme plein de rondeurs du cœur
Il avance comment
cet homme aussi fragile que ferme
sur ses positions d'argile jovial
Il avance pourquoi
cet homme qui se donne et s'essouffle
à donner tant et plus et même trop à tout faire
par bonté ou parce qu'il craint de s'arrêter
Ce petit sourire gêné ce souci de ne pas déranger
illuminés par tant de générosité
Existe mon ami existe pour respirer
la vie passe si vite dans ces vies agitées
ta Lumière est si belle et si douce

il faut la caresser dans le sens du temps
sous l'enveloppe charnelle qui ne cache
que les apparences et les désillusions.
Et ton regard si bienveillant…

## Aimé

Vieux sage mais pas tant que ça
c'est ce qui lui va si bien à son âge
mais il est sans âge derrière ses rides malicieuses
comme tous les sages un peu fous d'ailleurs
Il partage savoirs et sagacité avec qui veut
de son indolence gourmande de patriarche heureux
toujours généreux et gorgé d'allant pétillant
cet allant du bon vivant si entraînant pour le tout-venant
Vous boirez bien encore un verre mon cher ami
il faut trinquer à la vie qui nous a réunis un jour !

## Émilie

Petite fille à la sagesse agitée
Grande femme faussement sage
à l'apparence un peu empruntée
mais si agile lorsqu'il s'agit d'aimer
de penser et de méditer
Femme multiple et singulière
comme la lumière que tu reflètes
comment ne pas ressentir de la tendresse
à la seule idée de te savoir exister
entre terre et ciel quelque part là-bas
prêtresse gastronome si pleine de soleil
et d'amour pour l'enfant qui te tend les bras
Viens allons déguster un succulent repas
faire une agape de vie et de joie !

## Pierre

Il est dégustateur de mots de mots en concepts
ou à la fraise des bois avec un nuage de chantilly
dégustateur de mots mais pas de vers
on peut être philosophe sans être trouvère
il y a des régimes sans rime ni dessert ici-bas
allez savoir pourquoi certaines sauces ne prennent pas
car les mots sont les mots à l'envers ou à l'endroit
N'est-il pas mon très cher philosophe érudit
du verbe et de son contraire
délectable compagnie à l'instar de tous les bons vivants
et si on se faisait une petite gastronomie mon bon ami
il n'y a pas que les mots pour nourrir ses appétits…


## Braderie

Qui n'en veut de mon intimité ?
Un peu fripée avec le temps mais toujours gaillarde
aussi gaillarde qu'avant elle est en fait la coquine
Alors qui n'en veut d'une intimité surprise ?
Imaginez toujours entourée papouillée brassée brossée
torchée (la vie n'est pas qu'une poésie mes amis)
récurée rétamée décortiquée mais maintenue
dans un état de vétusté très propre
Allez qui n'en veut de cette intimité ?
Vous êtes quand même sapé et désapé
avec une certaine dextérité et promené un peu
vous êtes même crémé écrémé poudré
vous êtes tout ce que vous voulez
tant que vous êtes consentant et conciliant
et même quand vous ne l'êtes pas parfois
Qui n'en veut d'une telle intimité ?
Elle est également entourée nourrie parfumée agrémentée
si si ça existe croyez-moi les yeux fermés     en tout cas
chez moi
c'est bien pour ça que j'vous la propose à un prix d'ami

cette intimité que j'ai tant chérie toute ma vie
Mais bon c'est comme tout il arrive de s'en lasser
d'avoir des envies d'infidélité pour aller se baquer
s'isoler au sommet du Mont-Chauve se balader avec soi-même
rien qu'avec soi-même peut-être aussi pour aller conter fleurette
à Philomène ou Suzette en toute tranquillité peut-être oui peut-être
Bizarre pourquoi brusquement personne n'est pressée
pour acquérir ma noble intimité ?
Vous ne savez pas ce que vous ratez pauvres humains banalisés
vous ne savez vraiment pas tant pis pour vous
je vais donc me la garder mon intimité
le plus longtemps possible pour vous faire jalouser

## Pierrette

Je ne connais que ton regard doux comme du sirop d'érable
je ne connais que ta voix à la musique tellement chantante de là-bas
de l'autre côté de l'océan un autre monde si proche pourtant
je ne connais que ton visage si affable et rayonnant
plein d'une bonté pleine de malice et de vie
salue-les de ma part Dufresne Tell Farmer ou Jorane
Leclerc Vigneault Charlebois ou Cohen mais aussi
Villeneuve Dolan Cronenberg Arcand Egoyan ou Cameron
salue toutes ces personnes qui me font rêver et voyager
comme toi qui me fais flâner en mon être infini
Je ne connais que ton cœur il est plein de fleurs
de neige et d'espaces mais surtout d'amour je crois
grâce à toi je suis parti très loin sans même bouger
la vie est un rêve qu'il faut vivre éveiller
en toute conscience dirais-tu sûrement alors vivons !

## Le mot

Un mot en amène un autre qui le conduit
à construire une phrase dans laquelle
il rebondit et s'épanouit sur des images
il se conjugue et se colore
adjectif par-ci adverbe par-là
un mot s'en vient un mot s'en va
un dialogue se produit et s'évanouit
les mots se concoctent avec appétit
le mot d'humour comme le mot de la fin
Chaque mot c'est la vie et l'envie unies
chaque mot me dit que je suis
plein d'amour et d'amours aussi
Je ne suis rien sans les mots
qu'un immense silence contrit
comment pourrais-je te dire
que je t'aime et que tu es si jolie
si je reste sans mot devant toi ?

## Libres comme la vie

Surtout pas te posséder
comment pourrais-je te posséder
je t'aime
comme j'aime la Vie
comme j'aime la Voie
les étoiles le temps qui s'effile
je t'aime
comme j'aime qui je suis et qui tu es
comme tu es et comme je suis
j'aime la liberté qui nous unit
j'aime notre amour qui rit
car c'est la vie la vie que nous sommes
par amour

## Au diable la morale

Au diable la morale
cet animal que nulle avarice ne muselle
ce gibier de potence
qui ne nourrit aucune panse
que des esprits un peu beaucoup coincés
du côté de la tolérance et de la liberté
Par pitié évitez-nous toutes vos billevesées
aussi déshydratées que le désert de Gobi
C'est très difficile de vous gober
à toujours vouloir nous cadrer
et même nous empêcher de respirer
petits moralistes surannés
Avez-vous oublié qu'il n'y a pas
qu'une vérité ici-bas
pas que la vôtre en tout cas
Au diable la morale
aimons-nous les uns les autres
et plus si affinités

## Antoine

Connaissez-vous Antoine
non pas celui-là
pas celui que sa mère voulait ratiboiser
l'autre le bel Adonis
ils ont la même chevelure
le premier l'a juste égarée
en prenant de l'âge
Non connaissez-vous Antoine
ce beau jeune homme élancé
si réservé qui rêve de s'échapper
mais entre une mère qui lui fait à manger
et un père qu'il a du mal à digérer
il peine à s'émanciper à s'affirmer
il préfère courir devant sa télé
où se promener dans ses pensées
dans l'univers de Molière ou de Guitry

il préfère en attendant d'oser
se libérer et pleinement se lâcher
Connaissez-vous Antoine
saluez-le de ma part
si vous le rencontrez
entre un jeu de rôle et le lycée

## Cultueux

Tous ces cultes
ces salamalecs et ces courbettes
toutes ces génuflexions et ces prosternations
tous ces cultes cache-misère
qui pullulent sur Terre
cultes de ci cultes de ça
de la personnalité aux petits pois
Mais cultes pourquoi faire
petitesses et bassesses par derrière
ayant oublié où ils avaient rangé leur foi
ou leurs serments d'hypocrite
trop de gens se cachent derrière un « petit Jésus »
ou leur idéologie étriquée de prévaricateur tordu
croyant déjà détenir La vérité d'être La vérité
L'humain n'est grand que lorsqu'il se fait petit
humble et sans acrimonie envers les « petits »
Je n'ai que le culte de l'amour
j'aime ou je passe mon chemin
je n'ai que le culte de l'amour souriant
vous savez celui qui vous fait du bien
les autres je les laisse aux égrotants
de la vie et du bonheur au moindre coup de vent
guère besoin de cérémoniels pour aimer
juste un peu de miel dans le cœur
et un regard rayonnant de bonté

## Trop c'est trop

Tous ces hallalis rancuniers
tous ces chasseurs affamés
prêts pour la curée
tapis dans l'ombre
qui espèrent nous dévorer
malhonnêtes jusqu'aux dents
cramponnés à leur avidité
Trop c'est trop il faut cesser
un peu de décence de temps
en temps un peu d'égalité
surtout ne pas lâcher
afin de ne pas les contenter
gagner il faut gagner
pour leur faire payer
le prix de leur curée
Il fait si bon au soleil
du printemps arrivé
se laisser inspirer
par ses caresses apaisées
simplement se laisser guider
par la vie qui nous est donnée
le temps fera son œuvre
la sagesse fera le reste
surtout avec ce soleil printanier

## Il faut se lever

Il faut arrêter de tergiverser
il faut se lever il faut résister
après les grenades et les LBD
maintenant les drones et l'armée
et même tuer n'est plus écarté

Il faut arrêter de tergiverser
il faut se lever il faut résister
ils ont déchiré la société
le Peuple ils l'ont grugé

ils l'ont spolié et méprisé

Il faut arrêter de tergiverser
il faut se lever il faut résister
ils font tout ça pour préserver
pouvoir privilèges et fierté
l'enclave des rapaces friqués

Il faut arrêter de tergiverser
il faut se lever il faut résister
pour défendre droits et libertés
obtenir davantage d'égalité
et délier le goût de se respecter

Il faut arrêter de tergiverser
il faut se lever il faut résister
retrouver le goût de rêver
et d'accueillir les étrangers
on ne peut vivre sans aimer

## La vie !

La nature s'enchante
malgré tout
les oiseaux chantent
par-dessus tout
la vie s'invite en nous
rien ne l'arrête ni ne l'arrêtera
tant que du sens respirera
un peu partout
tant que l'espoir renaîtra
dans les cœurs fous
de cette beauté qui vibre
autour de nous en chacun de nous
s'il veut bien regarder
au-delà du chaos qui gronde
un peu partout un peu partout
mais que vaut le chaos
si l'amour est plus fort que tout

## Un jour comme un autre

Le jour se lève
le temps s'égrène
la vie se vit
ou pas
des rires des pleurs
des envies aussi
du désir au petit matin
ou peut-être durant la nuit
un oiseau chante à tue-tête
la nature bourdonne
le crissement d'un vélo au loin
et des voix qui s'élèvent tout près de là
le jour se lève
comme tous les jours
le temps glisse
des soubresauts parfois
viennent enrayer la paisibilité
c'est la vie aussi
et puis il y a toi et moi
et moi et toi
il y a…

## Elle s'enfonce

Elle s'enfonce
sait-elle vraiment pourquoi
je ne sais pas
elle s'enfonce
dans sa propre ombre
son propre désarroi
les traits tirés et cette fatigue
cette incapacité à bouger
à se réveiller
de quoi
si elle savait
peut-être sait-elle mais ne veut-elle pas
savoir

le regard cerné épuisé d'exister
elle s'enfonce
et je suis impuissant
je ne suis qu'un amant aimant
je ne suis qu'un aimant compatissant
je suis bien peu de choses
face à ses tourments
mais je suis présent
avec mes sentiments avec mes sentiments
sa vie lui appartient et appartient au temps
aura-t-elle la force aura-t-elle le temps ?


## Le cœur serré

Cette affliction sourde
qui peine à trouver ses mots
si indéfinissable et sans voix
qu'elle reste hébétée en lui
Qu'est-ce qui l'étreint tant
qu'il n'arrive pas à se dire
enfoui en un lieu vague
dans sa poitrine opprimée
Et cette tristesse lancinante
qui hésite comme un deuil
auquel on ne veut croire
pas encore pas tout de suite
peut-être pour entretenir l'espoir
d'espérer encore un peu
Alors que c'est inéluctable
tôt ou tard car leur cœur
ne bat plus à l'unisson
trop de vie les sépare
trop de vie ou pas assez

## Jeanne

Il n'y a qu'une voix qui s'impose
qu'un cœur qui bat pour elle par-dessus tout
son talon d'Achille son petit amour fou
l'homme de sa vie le seul
pour lequel elle ne fait pas pour de semblant
Elle qui joue si aisément sur les planches
et même en elle peut-être pour ne pas plonger
dans ces démons qui la travaillent
en son for intérieur derrière son sourire
si doux et si tout pour les cœurs environnants
La vie est une scène qui se joue au fond de chacun
car la réalité semble plus vraie
lorsque les projecteurs retentissent en nous

## Dialogue de sourds

Il est bouché à l'émeri
dans ses esgourdes en goguette
elle a un débit de mitraillette
qui avalerait la moitié des prunes
Il l'écoute distraitement
elle lui parle imperturbablement
c'est bien plus simple finalement
de converser charnellement
chacun son dialogue de sourds
l'important c'est qu'on s'entend…

## Solenne

Le cœur-hirondelle
cette douceur qui interpelle
cette sorte de gêne
un peu sauvage peut-être
ce regard de mystère
d'ici et d'ailleurs
d'extraterrestre si

terrestre extra ordinaire
qui s'incarne en vidéo
et donne autrement
à une autrement différente
Le cœur-hirondelle
et cette résonance qui dit
les ressemblances tapies
sous les apparences
autant que la reconnaissance
de l'évident chez l'autre
la Vie est à la marge
la Lumière est en marche

## Dans mon lit

Blotti au fond de mon lit
tout au fond
emmitouflé dans ma couette
toute réjouie et moi aussi
de me retrouver
toujours en vie
au cœur d'une nuit aussi étoilée
que la vie
tendrement blotti au fond de mon lit
tout au fond de la nuit
et ce sommeil qui me conduit
jusqu'à maintenant
jusqu'à aujourd'hui
et une nouvelle vie
Tiens ! Quelqu'un me sourit...

## Frais kilométriques

J'ai fait des kilomètres de mots
à m'éreinter le bulbe
j'ai fait des kilomètres de rien
à me coincer la bulle
j'ai fait des kilomètres de n'importe quoi
et je n'ai eu que de la joie

et puis j'ai arrêté de faire
j'avais autre chose affaire
j'ai regardé autour de moi
et je me suis posé dans mes fonds marins
et ses gargouillis de je-ne-sais-quoi

## Nadine

Et ce sourire carminé
et ce regard fardé
et cette perruque ondulée
et cette élégance raffinée
et cette jovialité généreuse
et cette beauté mystérieuse
juste ce qu'il faut de mystère
pour séduire et plaire
petite femme sauvageonne
indomptable autonome
aux mots gouleyants
qui coulent sous ta plume
comme la main sur l'amant
comment ne pas se laisser porter
par ton allant entraînant
comment ?

## Cécile

Sous une chevelure argentée
à l'énergie débordante
une gouaille exubérante pour recouvrir
pudiquement
une sensibilité à fleur de peau
d'être différente
un peu plus différente que le tout-venant
sous des apparences séduisantes
Si l'apparence est trompeuse pas l'amour
cet amour qui foisonne
dans un cœur qui rayonne

jusqu'au don de soi
Être dissemblable rend peut-être
plus proche de ses semblables
qu'en penses-tu presque inconnue ?

## Marie

Cet immense cœur grisonnant
d'amour tu oppressé par une tristesse
qui rit si facilement a l'empathie bienveillante
des malmenés du temps qui passe
de ne pas oser être soi malgré tout
Et cette générosité d'une âme si vivante
qui n'attend que de rayonner enfin
à force d'être étouffée par la peur d'exister
Réveille-toi toi si belle au-dehors et au-dedans
au-dedans de l'Infini qui bouillonne en toi
malgré tout par-dessus tout avant tout
et ce sourire désespéré de ne pas oser
s'affirmer et tout larguer pour vivre !
La vie n'est pas finie elle commence demain.

## Janine et Fred

Inoxydable couple atypique
rencontre des extrêmes ou presque
sous le soleil généreux du sud
dans les confins de l'Aude à l'amour
comme au premier jour
le taiseux plein d'humour
et solitaire du temps qui court
de randonnées en rêveries silencieuses
à côté de son exubérante volubilis
toujours aussi éprise de l'homme de sa vie
toujours au long cours et à la chevelure dissidente
fleur expansive dans une effusion de petits rires
Il est des libertés qui ne prennent pas une ride
lorsque l'amour égaye les jours
Le passé cicatrise mieux à deux

## Notre-Dame de Paris

Chef-d'œuvre en flammes
toute une histoire toute notre histoire
notre passé présent et futur
en feu sous l'azur un soir de printemps
l'éternel a vacillé et Quasimodo a pleuré
ravages de la modernité
des pollutions qui ne cessent de nous ronger
on a voulu toiletter l'apparence pour les touristes
pour cacher la laideur des temps modernes
on l'a brûlé
des siècles d'art suprême
partis en fumée crémation à ciel ouvert
tout est éphémère tout est éphémère
quoiqu'on aimerait en penser
l'éternité est aujourd'hui
demain est toujours une autre histoire
l'homme devrait y penser
sérieusement
car le temps presse
Notre-Dame vient de nous le susurrer à l'oreille
dans un incendie dantesque
l'enfer est à notre porte
à force d'avoir négligé le paradis
qui nous est prêté le temps d'une vie
c'est si peu une vie
et tellement en même temps

## Ma solitude

Dès le petit matin
quand le soleil frémit encore
baignant la vie
d'une quiète lumière
je savoure ma solitude
comme on savoure le temps suspendu
à la fenêtre des jours
et la solitude me berce avec amour

cette solitude qui est devenue ma vie
seul au fond de mon nid
à me laisser porter par le temps
qui défile sans bruit
être avec moi-même
pour mieux respirer les autres
éternel mortel
qui ne songe qu'à nourrir son éternité
d'un peu de soleil et de vie bien méritée
je suis qui je suis
mais seul à l'infini

## Je n'ai plus l'âge pourtant

Je n'ai plus l'âge de mes folies
ni de mes dissidences
l'anarchiste a vieilli
même les dents aussi fausses que l'ennui
vacillent dans la bouche au moindre fou rire
les oreilles n'en parlons plus
et le reste c'est selon le temps où l'envie
je n'ai plus l'âge et pourtant
je ne sais toujours pas être sage
ni rentrer dans les rangs
que voulez-vous
j'aime vivre
et vivre ce n'est guère reposant
le repos c'est pour après pour plus tard
lorsque l'éternité me fera signe
en attendant sus aux ringards
et aux geignards irréversibles
aux roublards qui se croient insubmersibles
je n'ai plus l'âge et pourtant
je suis toujours aussi con qu'à vingt ans
avec juste un peu moins de mordant
normal j'ai perdu pas mal de dents
dehors également…

## Je suis triste

Je suis triste je ne l'aime plus
du moins comme avant comme quand c'était grand
mais je la désire encore
dans nos corps accord ardents
lien ultime
avant la mort

Je suis triste de la voir ronger par ces maux
inexorablement
figée dans ces mots refoulés
jusqu'à rester pétrifiée dans son âme
qui ne cesse de pleurer de ne plus respirer
elle se perd avant de me perdre

L'amour est triste parfois très triste

## Avis de décès

L'amour est mort
les sexes ne rient plus
ils se sont donnés tout ce qu'ils ont pu
puis ils se sont peu à peu perdus
après avoir été éperdus
l'amour est mort
restent les souvenirs sans regret
l'amour est mort
la vie continue
un autre amour peut-être
un autre chemin sûrement
l'amour est mort
sommes-nous vivants ?

## Paradoxe ?

L'amour s'éteint insensiblement
pourtant le désir
comme irrépressible
subsiste encore subsiste toujours
aussi ardent et débordant
emportant les malaises environnants
les silences immobiles interminables
dans un raz-de-marée sensuel
où les sentiments deviennent sexuels
purement et intensément sexuels
irrépressibles aux premières lueurs
d'une aurore tout en fleurs
l'amour s'éteint inexorablement
mais le désir reste encore vivant

## Monstruosité intégriste

Nusrat n'est plus
si belle si grande si digne
et tellement jeune encore
face à la monstruosité abominable
d'un machisme intégriste insoutenable
folie meurtrière jusqu'à mettre
le feu à la vie d'un être épris
de liberté et de justice par-dessus tout
courage suprême et inviolable
saccagé par la sauvagerie
de mâles écumant d'abomination
Nusrat n'est plus
brûlée vive par une bêtise inhumaine
et l'abjection d'une culture
ou la femme n'est qu'une femelle
juste bonne à servir d'appât
et à subir en silence cette fatalité
érigée en dogme par un machisme
castré jusqu'au pathétique
Nusrat a résisté

elle a osé
jusqu'à son dernier souffle
portée par la vérité par sa vérité
comment t'oublier
toi que je ne connais pas ?

## Hurluberlu

*En souvenir de Jacques Brel*

Je vous apporte des vers tout cons
parce que trop de sérieux c'est dommageable
je vous apporte une pinte de dérision
car un peu de rire c'est bien appréciable
dans un monde où règne la confusion
faut savoir apprécier ce qui est délectable
et ne pas se prendre trop au sérieux
pour un tant soit peu vivre mieux
J'éternue beaucoup plus vite qu'avant
au point d'en avoir perdu plein de dents
mais je résiste à l'usure du temps
faut bien s'amuser de temps en temps
voilà pourquoi je vous apporte des vers tout cons
pour vous faire oublier vos soucis indésirables
je vous apporte un bouquet d'émancipations
car les illusions sont bien trop périssables
si jamais vous voyez Germaine en caleçon
dites-lui que Brel lui a chipé ses illusions
je vous apporte des vers tout cons

## Gouvernés

Gouvernés par des sourds
présomptueux et lourds
Gouvernés par la peur
qui égare nos cœurs
Gouvernés par le temps
qui dicte nos sentiments
Gouvernés par l'amour

qui illumine nos jours
Gouvernés par le désir
qui nourrit nos soupirs
Nos existences se tissent
dans un entrelacs propice
à réveiller les corps et les esprits
que l'indolence aurait endormis
Trop de jérémiades tuent la vie
vives les corps et les esprits qui rient
Gouverné par moi-même et mes envies
savez-vous quoi je m'éblouis
dans une effusion de silence et de bruit
Je suis un feu follet à l'anarchie
qui vibre comme un ciel en sursis
Je suis
mais que serais-je
?

## Un bonheur simple

Le vent dans les cimes
faisant chanter les ramées
dans un froissement incessant
de feuilles ébouriffées
et les oiseaux qui se font discrets
et les nuages qui défilent
en un galop muet
au-dessous d'un soleil printanier
à la chaleur discrète et apaisée
Que la nature est belle
lorsque la vie renaît
l'amour s'en va l'amour s'en vient
telle une respiration éclairée
mon corps frémit
et mon âme sourit
Le bonheur simplement.
Simplement le bonheur
et le temps qui l'emporte
vers les cœurs qui se sont perdus
dans mes rimes éperdues…

# Écologie hépatique

Des vignes et des vignes à perte de vue. Du vin et du vin pour des ventres à profusion. Et ce vieux Dionysos qui se roule au fond de son tonneau sous un arrogant soleil de plomb. Chacun dorlote ses propres illusions dans le vaste champ des pollutions. Boire de l'eau ou un litron de généreuse chimie propagée sans modération, après tout ça se discute, non ? Tant qu'à mourir autant que ce soit avec une griserie pleine de joies. À chacun ses émois. Moi, tout me va. Des vignes et des vignes de sarments éthyliques ça vaut bien un verre de bonheur topique. Ou un poème un peu insolent et primesautier.

## Confidence

Je regarde
je sens
j'écoute
je vis
et j'écris
ce qui vient
ce qui veut
que je reçois
que je ressens
je ne garde rien
je partage tout
et j'en fais des bouts de vie
qui viennent vers vous
ou ne viennent pas
la vie est libre après tout
et moi
je la regarde
je la sens
je l'écoute
je la vis
et je l'envoie à l'envi
elle vous appartient
vous pouvez l'oublier
la jeter

> ou la mettre
> dans un petit coin
> de vous
> je ne suis qu'un poète
> après tout

## Tempête

De bon matin, sous une voûte chthonienne, Éole s'époumone avec une colère ébouriffant même le soleil. Plus un oiseau dans les parages. Les arbres fouettent l'air, le flagellent en tous sens, dans un grondement d'enfer, réveillant même Hadès, subitement tiré de son sommeil. Les chants se sont tus sur des branches devenues inhospitalières. Dehors c'est dantesque, ma foi. L'homme n'est rien, la nature est tout. Nous ne sommes que des fétus de chair qui s'envolent au premier coup de vent affectif survenu. Fascination et excitation devant la fenêtre, bien à l'abri de cette effusion éperdue. À quand une copulation à recoiffer les cornus ? Suis-je éventé dorénavant ? Pas grave, je ne suis qu'un homme du vent. Un homme de la vie à chaque instant. Entendez-vous ce silence soudain qui enveloppe la nature d'un doux satin d'azur ? La nature se repose de sa démesure. Le ciel revit. Le temps s'assoupit sous un soleil reparu. C'est le sud.

## Épris

Épris
je suis épris
de qui ou de quoi
je ne sais pas
je suis épris
ça me suffit
pour le reste
j'écris comme personne
tel un homme indicible
qui suit son cœur de cible
passant ses sens au crible
d'un corps invisible
je suis épris
de vie

## Qui suis-je ?

Je ne suis plus de première fraîcheur
mais encore consommable
je ne suis pas né de la dernière pluie
mais toujours émerveillable
je suis le jour je suis la nuit
je suis d'hier d'aujourd'hui et de demain
je suis la mélancolie de l'instant
je suis l'effervescence du temps
je suis le cœur de l'absolu
je suis le corps de mon vivant
je suis
la vie
tout simplement

## Intolérances

Non aucun soleil
ne peut supporter les
intolérances

## Confession

Je suis la vie oui
la présence et l'absence
de toute vie oui

## Déclaration Aurorale

Ce soleil sur moi
rien qu'un sourire sur toi
qui m'éblouis tant

## Tanka faire

Le Tantra me dit
que je suis mon propre émoi
énergie rouge
dans mon soleil intérieur
je suis connecté à toi

## Présence

Être présence
présence infinie de
nous deux sans un bruit
dans un amour qui nous dit
que nous ne sommes que vie

## Printemps

Soleil rayonnant
des oiseaux offrent leurs chants
simplement rire

## Vibrations

La chambre blanche
si blanche et le soleil
sur l'horizon bleu

## Variation poétique

La chambre
              blanche
              si blanche
le ruissellement de la fontaine
        sous la fenêtre
la douceur du soleil au petit matin
le temps suspendu
                   à l'oreille encore assoupie
un écureuil voltige
un oiseau puis deux
                quittent leur tige
                              pour où ?
Le cœur bat tranquillement
bercé par l'infini éphémère
                   ou   peut-être   l'éphémère
infini ?
Pas de vent aujourd'hui
                peut-être demain peut-être pas…
Et la vie qui suit son chemin
                pour où ?
La vie est belle
              non ?

## Crépuscule solaire

La fin du jour approche
écouter le silence
entendre l'absence
et puis cette présence indicible
indiscernable
du temps suspendu à mes lèvres
je m'enchante
pour mieux me dépasser
demain m'attend
au coin de la rue
au bord de l'instant
La fin du jour approche

une soirée paisible
débordant de vie
le temps s'élance
et je le réfléchis
je suis si peu je suis temps
que je contemple le Néant est mystère
qui flotte infiniment
dans cet amour qui fourmille
sous mes sentiments
tu l'entends
dis tu l'entends
alors viens
si tu l'oses...

## Mystère mystère

Je n'écris pas, je suis écrit. Par qui ou par quoi ? Mystère, mystère. Je ne suis que le fruit d'un Mystère dont je m'emplis afin de mieux me laisser faire. Je ne suis absolument rien que mon propre mystère. Chercher à comprendre, c'est déjà le défaire. Mystère, mystère. Je n'écris pas, je suis écrit. Les mots s'imposent à moi telle une évidence surgie de mon propre mystère. Qui sommes-nous, d'où venons-nous ? Le savons-nous réellement ? Le sais-tu, toi qui parcours mes mots actuellement ? As-tu élucidé le Mystère ? Je n'ai pas ce pouvoir. Je n'ai que celui d'être la plume consentante de ce Mystère. Mystère, tout est mystère. Mais qui le sait véritablement ? En as-tu conscience ami(e) de la poésie qui baguenaude entre mes vers sortis du Mystère ? Qui joue avec qui ? Le Mystère avec moi ? Moi avec toi ? Vas savoir.

## Le sais-tu ?

Sais-tu
que le temps ne fait rien à la vie
que la vie ne fait rien à l'âge
que l'âge ne fait rien au désir
que le désir ne fait rien à l'amour
hein le sais-tu ?                    Certes certes

le corps dit tantôt oui tantôt non
un bobo par-ci un manque de peps par-là
mais sinon tout va
Allez à bientôt au Paradis    sur Terre évidemment
en attendant elle m'attend
au fond de mon lit…

## Question de sons

Tu sais je suis
le sens du son
dans mon sang seyant
sous ces seins
si seuls et songeurs
sans ses soleils
sur mon silence sacré.

Sens-tu sourdre le son
du sang si souriant
sous ses suçons
si soft et sémillants ?
Ne soyons pas sages
encensons-nous
sans ciller sur le sofa.

## Ébullition

Je suis moite
j'ai la température qui boîte
boîte de nuit
nuit sous les tropiques
tropique du poisson
celui qui frétille
à m'étuver le corps
de jour comme de nuit
même le pôle Nord
devient trop chaud
pour mon corps qui suinte
sous la chaleur de la vie

## Sanglots printaniers

Le temps passe
le temps pisse
il tombe des cordes
de piano *fortissimo*
il pleut des trombes d'ennui
la terre revit
Le temps pousse
le temps pulse
il est des jours introvertis
jour de pluie au rythme
de percussions naturelles
je revis

## Christophe

Homme de cœur
homme de corps
homme qui court
et qui court encore et encore
à sa perte son propre malheur
s'il n'écoute pas son instinct
si lucide et si déroutant
Homme de tolérance
homme de générosité
homme qui voudrait
mais ne pourra jamais
être le surhomme qu'il se croit être
Homme de cœur bien chahuté
ose revivre aussi fou qu'avant
surmonte les obstacles
pour retrouver de l'allant
et ta Lumière d'antan
cette lumière si pétillante
Nous sommes bien peu
finalement et à la fois tant

## Éphémère

Éphémère pensée
soudain surgie
de la matrice de la nuit
pour aussitôt se dissoudre
dans l'univers
poésie instantanée
aussi éphémère que le battement du cœur
qui vient squatter l'esprit
le temps que l'oubli
plonge dans le sommeil
Peut-être l'as-tu entendu
hier soir tard au fond du lit
ou peut-être des anges de passage
je ne sais pas je me suis endormi
et le poème aussi
création éphémère et sans bruit
dans un coin de la tête
ou de l'âme

## Parfaitement

Je suis un homme de travers
le cœur parfaitement à l'endroit
un homme qui oblitère
la crainte d'exister à bout de bras
Je suis un homme à l'envers
à force de rire avec le temps
un homme qui désespère
les mouches autant que les perdants

## La vie est belle

Cette lumière rayonnante qui se lève lentement au loin
bleuissant l'horizon d'un éclat cristallin
la nature qui se réveille dans des verts éclatants
les oiseaux qui vocalisent et enchantent le ciel
à coups d'ailes fluides et colorées par le soleil
la vie est belle

Cette douceur de vivre sous une sérénité céleste
assis à l'ombre des arbres qui murmurent
ce moment suspendu à l'azur telle une mélopée
vibrant dans ton regard toi qui m'aime de t'aimer
sur le chemin des hasards heureux où il y a nous deux
la vie est belle

Et cette femme qui se réveille doucement à mes côtés
le corps encore engourdi d'avoir tant donné
ces amours multiples et singulières si vénérées
qui nourrissent mes vers et mes pensées
et cette solitude qui me berce de sa paisibilité
la vie est belle

## Éminence

Son éminence grisée
S'épanche bruyamment
Dans les stridulences
D'une cigale extasiée
Son éminence est enivrée
Par les fulgurances incarnées
Assurément la lune rit
Malicieusement nidée sur son lit

## Comblée

Avez-vous déjà vu une femme comblée
le regard illuminé qui semble léviter
les traits détendus par cette sérénité
que l'on ne croise que chez la femme charmée ?
Abreuvée d'amour et de bienfaits
de délices que la décence ne saurait prononcer
mais la décence est stupide tout le monde le sait
il est des odes qu'il faut oser proclamer.
Rien n'est plus beau qu'une femme comblée
avec cette reconnaissance qui vous fait rêver
et vous donne envie de recommencer
à extasier une femme qu'on ne peut que désirer.

## Yoni

Yoni soit qui mâle y pense
panse en transe action
sur la fleur qui danse
avec la gaieté du papillon

Un mec est un clope
sans sa clope adorée
un moignon cyclope
sans sa douce bien-aimée

Yoni soit qui mâle y pense
vivement les plages l'été
pour cette mâle engeance
qui ne pense qu'à copuler

## Heureux

Est-ce cela le bonheur
un azur éblouissant et serein
un effleurement zéphyrien
une chaleur douce sous les arbres
quelques roucoulements d'alouettes
une quiétude sous les frondaisons
tout est apaisé irréel presque
juste le battement du cœur
au rythme des pages d'un livre
qui se déploient tranquillement
animées par l'impatience de savoir
la suite de cette histoire sans fin
qu'est la vie quand le bonheur
souris doucement

## Alsace éternelle

Plonger sous un ciel menaçant
pluie pluie
encore et encore de la pluie
des volutes de brume couronnent les sommets couverts de sapins
images irréelles qui suintent l'humidité
sur une nature verdoyante enivrée d'eau
faisant transpirer les regards de frilosité
retrouver ses racines sous leurs dehors les plus âpres

Mélancolie grand-paternel
et tristesse devant Strasbourg vidée de sa pauvreté dérangeante
plus de SDF pour les touristes rien que les apparences riantes
ça coûte moins cher de chasser beaucoup moins
où est la solidarité chère « capitale de l'Europe »
ou des nantis peut-être ?

Et le sourire des aimés tant aimés
rayonnant dans la morosité frisquette

et puis le soleil qui enfin réapparaît
et les retrouvailles tant attendues tant espérées
et Strasbourg dans toute sa beauté sous un ciel épanoui
et tous ces pompiers au pied d'une cathédrale impassible
devant cette paranoïa « Notre-Dame de Paris »
et la Petite France radieuse sous sa nuée cosmopolite
et cette complicité iconoclaste
cette danse de liberté entre des regards s'effleurant
avec des sourires pleins de sentiments

Alsace
partir et revenir
pour mieux respirer le passé le présent
et l'à venir
Alsace
je reviendrai assurément
comment oublier tant de souvenirs
et d'émerveillements
aussi douloureux qu'ils aient pu être
parfois également

J'ai retrouvé la pluie en rentrant
un clin d'œil du temps probablement
à bientôt Noah...

## Bouffonnerie

Je suis un bouffon bouffi bouffant des bouts de corps et de cœurs croustillants, bouts de tout et de rien du tout, à bout de bras, à bout d'embruns, Abu Dhabi ou Abou-Simbel. Je ne sais plus, je ne sais quand, la vie ça vient, la vie ça va, je ne sais où, je ne sais rien. Je ne suis qu'un bouffon bouffi ne bridant point son plaisir de bon vivant badin, boudin boudiné ne boudant pas d'être gonflé. Gonflé à bloc et à l'amour et à l'envi, de toi bien évidemment, tel un bouffon bouffant la vie à pleines dents à même la chair, sans un bout de gras gros et cru. Je ne manque pas d'air avec mes airs de monte-en-l'air des cœurs, de touche-à-tout des vers galants ou galeux... qui n'attendent que vous sous un soleil boucané d'amour et de vie.

## Je l'attends

Aux premières lueurs du jour
je l'attends
sous un ciel étoilé d'amour
je l'attends
jour après jour
je l'attends
j'attends
son sourire et ses yeux enveloppants
j'attends
cet instant toujours prenant
du premier regard des premiers mots
je ne sais quand
mais je l'attends
elle
dont je rêve tant
doux phantasme au cœur du temps
un temps ardent
viendra-t-elle seulement
je l'attends

## Grand-père

Je n'ai pas la barbe de Victor
ni sa tignasse flamboyante blanchie par le temps
ni son art ineffable d'être grand-père
je ne suis qu'un papy sur le tard et à l'envers
bien trop tard pour me refaire
mais serait-ce vraiment raisonnable
je ne serai plus aussi éclatant
si je me mettais à rentrer dans les rangs
des papys du tout-venant
non assurément
restons un papy libertaire
s'agit pas de plaire au premier passant
s'agit juste de prendre du temps
et de rire avec ses petits-enfants

## Joie

Pas un brin de vent
un azur limpide à l'infini
une douce fraîcheur matinale
des oiseaux chantonnant en polyphonie
dans une nature accueillante
bonheur de vivre     tout simplement
légèreté éthérée qui pénètre l'âme
respiration sous les frondaisons
le temps n'est rien la vie est tout
joie d'aimer et d'être aimé
en toute liberté
un matin enchanté de printemps.

## Première chaleur

Le soleil brûle
cramant les peaux insouciantes
seul un infime souffle zéphyrien atténue la touffeur
les plages sont déjà des planchas
la nature semble s'être déjà mise en catalepsie
pour économiser son énergie
même le silence paraît étouffant
et pourtant le désir chante allègrement
Viendra-t-elle celle que j'attends
nonchalamment allongé sur le temps
ce temps si prévenant pour les intrépides amants
Rien ne vaut l'incertitude des sentiments
et la douce folie de l'espérance
ô griserie de l'inconnu
Surprenez-moi !

## Hypocrisie

Quelle est cette fausse pudeur
qui réprouve le franc-parler
et l'être vrai en pleine lumière
Cocufier est-ce plus convenant
que d'assumer en toute transparence sa liberté
Préfère-t-on tromper ou être trompé hypocritement
est-ce plus facile de mentir que d'oser être soi
ne sait-on pas parler quand l'amour est vraiment là
L'aimée ne m'appartient pas
sinon ce n'est plus vraiment de l'amour
ne croyez-vous pas
mais peut-être préférez-vous avoir
des objets de désir entre vos bras plutôt que des sujets d'amour

Je ne trompe personne je partage simplement
comprenne qui pourra adopte qui voudra
l'amour est vrai et bon et vivant
lorsqu'il a quitté le carcan
libre à vous d'en faire autant ou non
mais loin d'une gauloiserie sexiste de mauvais aloi
Osez être libéré la vie vous le rendra
qu'est-ce qui vous en empêche
votre maman vos convictions
ou que sais-je d'autre de plus réjouissant
Laissez-vous inspirer par la vie et vos sentiments…
en toute lumière naturellement

## Prends

Prends la vie comme elle vient
vas la vie comme tu veux
la morale n'a pas de cœur
ni de corps non plus
la vie est ailleurs
là où la liberté trouve sa source
ose ou tu seras désossé

prends le temps de l'instant
chaque instant est si précieux
il n'appartient qu'à toi d'être heureux !

## Polyamour

Deux ou trois ou quatre ou plus
vies qui se croisent et s'aiment
et se désirent et se vivent
et s'entrecroisent et se tissent
cœurs accord cœurs à corps corps accord corps à corps corps
à cœur
amours polyphoniques
petits ou grands bonheurs polychromiques
qui se partagent librement
en fonction du temps et du désir
tout est simple et prévenant
quand l'amour est fait
d'entrelacements de regards ardents
et d'entremêlements de sens qui dansent
par amour simplement par amour
et goût des libertés

## Margot

Belle inconnue
si belle
que je ne connais pas
si ce n'est de vue
silhouette évanescente
à l'élégance affinée
mystère aperçu
sur un réseau social
mais cela aurait aussi pu être dans la rue
attardée devant des fleurs sur un bout de trottoir
une douceur sur le visage
une fluidité corporelle
une beauté délicate
que j'ai entrevue

d'une féminité poétique
interpellant le regard l'espace d'un battement de cils
ou d'une poésie à une belle inconnue...

## Prière humaniste

Ne tuez pas la vie
cessez de saccager l'environnement
de détruire notre bien commun
les trésors de l'humanité
ne tuez pas la Terre
et sa beauté époustouflante
toute cette vitalité et ce foisonnement
de faune et de flore
ne tuez pas le bonheur
de respirer le cœur
de ce qui nous fait vibrer
la nature n'est pas une poubelle
l'argent n'est pas une finalité
si c'est pour priver nos descendants
de la vie et de la beauté

## Nos peurs

Qui n'a pas de peurs d'angoisse d'appréhension de trac
qui n'a jamais été tétanisé tremblant
figé sur place comme paralysé
qui n'a jamais connu de panique intérieure
Qu'importe pourquoi ou comment
la réalité se suffit à elle-même
aussi incompréhensible soit-elle
pourquoi vouloir comprendre d'ailleurs
à moins d'être concerné ou profondément impliqué
rien ne sert de comprendre il faut respecter
et savoir écouter
accompagner l'autre soudain démuni dépassé
par ce qui le déborde jusqu'à l'étouffer
dans sa crise d'angoisse
Ne peut-on cesser de juger jauger préjuger

tels tous les bons conseillers qui oublient
d'exister et de cultiver l'empathie
à chacun ses peurs à chacun ses stratégies
pour déconstruire ces constructions de l'esprit
à bon entendeur et aimez-vous les uns les autres
au moins autant que vous vous aimez...

## Quand le verbe prend chair

Les mots roucoulent
dans des vers qu'enroulent
des papyrus de séduction
Comment ne pas aimer charmer
avec un verbe qui prend chair
lorsqu'il est désir et volupté
l'amour de dire l'amour
et la vie et la lumière qui surgit
Je ne suis qu'un séducteur après tout !
Et m'aime qui pourra...

## Bouddha me dit

Bouddha me dit
du fond du jardin
auréolé de la lumière du petit matin
que la vie est là où réside le cœur
que l'amour est une respiration
que le temps bénit l'absolu
d'une main qui souscrit
à la sagesse enfouie
dans la Lumière de l'instant

## Sous la robe

Elle n'a rien
                sous la robe
rien
que sa beauté légère
et son intime liberté
elle n'a rien
et tu n'en sais rien
rien
elle n'a rien
                que sa vérité
qui fait rêver

## Orage

L'orage gronde
dans un ciel immonde
Apocalypse now
il tombe des trombes
des nuages qui plombent
l'horizontalité
sur le sol assoiffé
et soudain
tout s'arrête
un petit vent se lève

## Elle

Avant
il y a déjà bien longtemps
elle batifolait plus qu'autre chose
batifolait avec les hommes
se donnait beaucoup et prenait parfois
toujours dans les excès dans l'urgence
dans les extrêmes jusqu'à la transe
jusqu'au danger
elle était la mort qui la draguait
elle était qui ?

Maintenant
elle aime les femmes
la douceur la lumière
elle aime le temps qui passe
la solitude des cœurs méditatifs
et des corps méditant sur le sens
de l'infini et du présent
elle offre son cœur et son temps
celui qu'elle n'avait pas auparavant
elle est la vie qui l'enveloppe tendrement
elle est
elle est tout simplement.

## En mon royaume

Tout est paisible
immensément paisible
alentours
la nature est sereine
le jardin rayonnant
le temps suspendu à l'instant
l'instant enveloppant mon cœur
je ne fais plus qu'un
une caresse zéphyrienne
nourrit ma chair
mon corps nu
comme au premier jour
qui respire
bien-être infini
indicible bonheur
petite parenthèse inspirée
par la plénitude du temps
je plane je m'élève je me dissous
je suis tout je suis rien
je suis une vacuité éblouie
je vis
je suis seul en mon royaume
seul avec moi-même
et l'univers qui m'habite
je vis !

## Lumière

Je respire lumière
je vis lumière
je suis lumière
je suis la lumière qui m'habite
m'éclaire et me nourrit
me baignant d'une chaleur vivifiante
je suis lumière du matin au soir
elle m'enivre de son ardeur
loin des ténèbres qui m'égarent
je ne cherche l'ombre
que pour reposer mes espoirs
caresse-moi lumière
fais vibrer mes sens en tous sens
dans une bacchanale rayonnante
VIVRE ! Je suis mon propre livre

## J'ai envie de toi

J'ai envie de toi au premier regard
envie de nous envie de tout
j'ai envie de toi du matin au soir
vibrer encore et encore y croire
suis-je donc fou et sans aucun espoir
de rémission de mon encensoir
j'ai envie de vous
si belles et envoûtantes
dès le premier regard
le premier baiser le premier égard
est-ce grave dois-je m'inquiéter
pour mon ultime soir
j'ai envie de vous et c'est tout
je suis vivant que voulez-vous
et vous ?

## Paradis

Le paradis m'a retrouvé
quelque part entre le midi
et le mitan de ma vie
(je suis toujours au milieu
de ce qui me ravit
de l'amour et des corps
des femmes et des décors)
et le paradis m'a conquis
Je suis mon paradis
je suis ma vie
je suis celui qui te sourit
en croisant ton chemin
avant de revenir dans mon Éden
tu es si belle tu es si beau
autant que mon jardin

## Toulouse

Je t'ai fredonné Claude
en flânant dans ta ville rose
resplendissant sous la canicule
place du Capitole
les femmes étaient en fleurs
de toutes les couleurs
gambadant cheveux au vent
et jupes légères comme la vie
place du Capitole
tout le monde revit
tel un champ de violettes
c'est la fin du printemps
brouhaha crépitant dans les rues
tout le monde est beau
des rires par-ci des rires par-là
et puis la magie de l'ineffable
instant hors du temps
cloître du couvent des Jacobins
fusion ottomane et chrétienne

énergie de vie et spiritualité infinie
et cette paisibilité recueillie
numineusement lumineuse
labyrinthe de buis sillonnant
vers l'Éternité tout n'est que Sérénité
des transats par-ci des chaises par-là
et des chuchotis qui bourdonnent
pour ne pas troubler la plénitude
je me dissous dans l'éther
de la vie je suis tant je suis Tout
à jamais ma propre Vacuité
à Toulouse la radieuse

## À une inconnue

Une chevelure rouquine
un regard enveloppant
un sourire caressant
un rire éclatant
au-dessus d'une poitrine rayonnant
sous son décolleté plongeant
de caraco vert comme l'espérance
et une petite jupe noire d'élégance
une gestuelle toute de délicatesse
un soir de pieds sous la table
dans le brouhaha à ne voir qu'elle
comme envoûté par un désir
aussi brûlant qu'un soleil ardent
la nuit tombait doucement

## Abeilles

On tue la vie
et tout le monde s'en fout
pas de mouvements intempestifs par millions
juste des îlots de résistance
on tue la vie avidement
pour le profit de quelques-uns
on tue la vie cyniquement

après moi le déluge
les abeilles sont décimées
les vaches sont hublotées
et on pollue allègrement
on tue la vie bêtement
tristesse et recueillement

## Youpi !

Savez-vous ce que vous mangez, buvez, respirez ?
Quelle maladie vous attend ?
Quelle souffrance de mauvaise engeance ?
Qu'adviendra votre descendance ?
Demain c'est demain, après on verra.
Vivons sain, vivons bien, c'est ringard.
Vivons moins, vivons mal, c'est moderne.
Macron est moderne, et Trump et tous les autres.
Et nous tous réunis en ce jour d'action de grâce pour ce qu'il restera de la vie.
Admirons benoîtement le dernier papillon, l'ultime lion !
J'ai récolté des tonnes… de pesticides pour mes voisins et mes enfants.
C'est la vie que voulez-vous, faut bien crever pour vivre correctement.
Être positif en toute occasion, même si nous creusons notre enfer consciencieusement.
Où ai-je mis mon gilet jaune, maman ?
Attends, mon fils, je bronze encore un peu.

## Explique-moi

Explique-moi
pourquoi le temps est souvent moins maussade
que toi qui ne souris plus ?
Pourquoi la vie est si compliquée
lorsque tu n'y crois plus ?
Pourquoi la mort pourquoi la maladie
pourquoi l'ennui
alors que tout est vie ?

Pourquoi la facilité plutôt que la rigueur
afin de conjurer la fatalité des cœurs ?
Pourquoi suis-je un homme et pas une femme
blanc et pas noir ?
Pourquoi ci pourquoi ça
et pourquoi pas après tout
à chacun sa vie et ses obsessions
le bonheur ne s'explique pas
il se vit !

## Le bonheur

Un battement du cœur
une femme en fleurs
un coucher de soleil
toi qui me dis je t'aime
moi qui rêve sous la lune
prendre du temps pour vivre
en attendant que tu viennes

## Vous

Vous si belles
femmes infidèles
à la morale
des machos
ouvrez vos ailes
volez volez
loin des oripeaux
de cette morale
de machos
je vous aime libres
je vous aime vraies
dans vos atours
pleins d'attraits

## Je n'ai que

Je n'ai que l'amour pour remplacer des bras défectueux. Je n'ai que les battements du cœur pour seul mouvement. Je n'ai que mes yeux pour envelopper ton corps élogieux. Je n'ai que mes mots pour dire mes sentiments. Je n'ai que mon sexe pour enflammer mes désirs. Je n'ai que le temps pour surfer sur la vie. Je n'ai que la vie pour croire à l'amour. Aimez-moi femmes de mes soupirs ! Vous mes infinis rires.

## Trumperies

La politique est un art noble     dit-on     soit
une noblesse déchue     alors
ou échue     tant elle est périmée
Trumperies à tous les étages
bals des egos et des aigris
tours de bonneteaux d'hypocrites
jusqu'à se ressembler atrocement
au moment d'endosser l'aura du pouvoir
L'écologie c'est pour plus tard l'humanité c'est pour jamais
beaucoup trop chère et pas assez rentable juste corvéable
l'humanité     ça ne vaut pas le CAC 40     l'humanité
Manipulateurs menteurs effrontés
comment les croire comment les apprécier
ces bonimenteurs hors d'âge
à force de se croire les meilleurs et les plus forts
dans l'art du ravage et de l'exploitation ?

## Carole

Vous ne connaissez pas Carole ?
Ah bon vous ne connaissez pas
cette femme menue sur ressorts hydrauliques ?
Virevoltante et dynamique
toujours le sourire aux lèvres
et la peur d'être de trop dans les yeux
de trop et pas assez
encore un cœur complexé

et si jolie dans sa nudité
que les complexes paraissent dépassés
Vous ne connaissez pas Carole ?
Vous ne savez pas ce que vous ratez
mais il y a tant de Carole que vous ignorez
à force de passer à côté sans les remarquer
Pourtant comment ne pas craquer ?

## Égoïstement

L'humanité se rend bêtement à sa perte
j'm'en fous
plus de flore plus de faune plus de vie
j'm'en fous
j'serai loin très loin
quelque part entre partout et nulle part
alors j'm'en fous
pourquoi m'en faire après tout
presque tout le monde s'en fout
espérant que le voisin ou son prochain
un jour prendra les choses en main
trop de calculs mesquins
à la rigueur de la rigueur pour les autres
de la discipline demain ou après-demain
Pourtant la vie est si belle
j'aime tant la vie
me lever aujourd'hui
me lever sans attendre sans condition
parce que je t'aime
comme un morceau d'éternité
toi que je ne connais pas
que je ne connaîtrai jamais
probablement

## Capes d'Agde

Corps décors, corps accords, corps raccords, corps accorts, corps par corps, corps amphores, corps à flores, corps encore, corps toujours, corps partout, corps nulle part. Et la mer indolente. Je suis tout et si peu. La nudité habille mieux.

Humblement. Écho des différences dans la ressemblance. Altérités sur une plage vêtue de corps repus d'embruns. Une communauté s'égaye. Une culture s'ébat en toute simplicité. Nous sommes identiquement semblables et périssables. Nous sommes éphémères. Beautés subtiles se fondant dans la banalité légère. Sentiment de liberté sous un vent câlin. Et le soleil au loin qui embrase l'horizon. Et la lune, ronde comme ses chairs épanouies. Je suis vivant. Je suis humain. Vivre !

## Matinale

Nu dans la fraîcheur matinale
une brise enveloppant la chair encore engourdie
nu sous un ciel estival
à peine troublé par quelques rires d'oiseaux
et les pensées qui s'envolent
vers la vie qui renaît
un nouveau jour un nouvel amour
pensées vides vagues volages
nu dans la fraîcheur matinale
sous les arbres muets
se préparant à la torpeur du jour
je suis nu
et libre

## Les cigales

Castagnettes dans les cimes
la nature swingue
dansez braves gens
les cigales s'époumonent
la torpeur est revenue
même les ardeurs sont retenues
un peu plus de chaleur dans les cœurs ne serait pas de refus
ne trouvez-vous pas braves gens
un peu de tolérance et de PMA dans la rue
pourquoi pas de GPA
mais les boussoles sont perdues
castagnettes dans les cimes
rien ne vaut une vie dissolue

## Dormir

        Dormir !
    Merde dormir !
  Trop chaud trop froid
    Trop ceci trop cela
  Sous le drap sans le drap
Et le sommeil qui ne vient pas
        Dormir !
Et cet oiseau qui ne se tait pas !
    Et toi qui n'est pas là
    Et patati et patata
        Dormir !

## Sérénité

Un vent léger caresse délicatement la vie
les branches effleurent l'azur
les cigales reprennent leur souffle le temps d'un roucoulement
et cette chape de chaleur telle une gangue ardente
le bonheur te va bien
il t'habille d'une lumière de douceur
dans ce temps suspendu à nous
comme un instant d'éternité

## Apocalypse

Le ciel enrage
dans un ballonnement nuageux menaçants
soudain l'horizon s'embrase
des vociférations tonitruantes s'enchaînent
en zébrures éblouissantes déchirant
la fin d'une journée dantesque
l'air semble trembler
enrage orage orange
enivrement céleste grisant
exquise extase exténuée
la vie est belle

## Bouton rose

Femme j'aime ton bouton de rose
que je l'aime
cette fleur éclose
quand l'extase s'impose
dans une apothéose chantante
j'aime sa turgescence insolente
à l'haleine rayonnante
j'aime la saveur grisante
de son nectar perlant sur mes lèvres
au rythme de ton souffle qui s'époumone
Femme je te vénère

## Démocraties en berne

Tentation autoritaire
malédiction totalitaire
l'Europe remugle de toutes parts
les Bonaparte mussoliniens ont le vent en poupe
les peuples marchent sur la tête
désespoir et colère en bandoulière
se vendre au diable par dépit le cœur amer
d'accumuler les promesses mensongères
l'Europe remugle de toutes parts
les peuples ont oublié Hitler
il y a du suicide démocratique dans l'air
ça craque sur la Terre entière
les gilets se sont lassés Macron a gagné
le cynisme a de beaux jours devant lui
braves gens réveillez-vous
vous flirtez avec l'enfer
l'enfer ne vous décevra pas
mais il sera trop tard pour revenir en arrière
Hongrie Pologne Roumanie Turquie
Autriche Italie Grèce la peste prospère
à qui le tour ?

## Le cri de la tomate
### sous la dent

Faut p'us manger d'viandes ni d'poissons ni d'crustacés
et p'us d'œufs non plus (y pourraient s'brouiller)
Mais qui s'soucie des fruits et des légumes
que sait-on du cri de la tomate sous la dent
de la carotte épluchée du navet ébouillanté
et le raisin broyé n'en parlons pas
de la salade vinaigrette que sait-on ? Rien
faut arrêter d'manger juste se contenter d'air pollué
c'est calorifique l'air pollué on peut même en crever c'est dire
et restera toujours l'amour et le sexe paraît qu'c'est nourrissant
allez bon appétit la vie continue au moins jusqu'à demain
et vive la gastronomie !

## Rut

Je suis en rut
Rutabaga
Bhagavad-Gita
gitane sans filtre
brune ou blonde
désir brut
je cherche une chute
à des vers abrupts
une chute de reins
pleine d'entrain
je suis en rut

## Le temps passe trop vite

Six ans déjà
six ans seulement
la vie défile si vite
je ne vois pas passer le temps
l'amour est si prenant
le bonheur est si pétillant
six ans déjà
six ans seulement
et je t'aime tant
comme ces tourterelles
nichées au-dessus de nous
roucoulant leur flamme
à coups de bec énamourés
la vie est belle
et l'amour est fou
même six ans après
l'amour est si précieux
il faut le préserver religieusement
il faut vivre intensément chaque instant
demain c'est trop loin beaucoup trop loin

## C'est ma vie

Limpide à perte de vue le ciel bleu azur
caresses d'un vent rafraîchissant
sur le corps qui frémit d'aise
paisible
tout est si paisible
silence envoûtant
que les cigales et les oiseaux bercent
la solitude est un baume dans ces moments
être seul avec soi intensément
et vivre entre deux mondes deux passages
ici et ailleurs
vivre
et puis ta voix qui surgit toi qui apparais
et un immense sourire !

## Feu éphémère

Elle portait une petite jupe
qui flottait sur ses cuisses
au gré de ses pas
et d'un vent coquin
Elle avait une jupette
sur de jolies gambettes
mon désir s'est emballé
tout aussitôt trépassé
le temps de la voir passer
Elle portait une petite jupe
je portais une petite chimère
elle était belle et fraîche
j'étais vieux et primesautier

## Galimatias charnels

La liberté n'est comprise que des fous
seuls eux l'osent sans trembler
osent l'insensé
insensés par soif de vie
insensés jusqu'au bout de la vie
de l'air du cœur de la chair
insensés à en être éperdus de désirs
Être fou tellement fou
à force de vibrer
chaque instant du temps qui passe
dans des galimatias charnels
et des rondes d'amour éternelles
qui ensoleillent les jours

## Triolyrisme

                    Elles et lui
                         eux
                     en chœur
                de cœurs en corps
                de désirs en soupirs
                     elles et lui
                     lui c'est qui
                 seul au fond de son lit
                 à effeuiller ces sens
                      en goguette
                une nuit de pleine lune

## Oscillations existentielles

Une nuit        un jour         le temps         qui fuit
        le temps          qui vit
                  rien et tout            je suis
                   hier aujourd'hui et demain
la vie          qui va         la vie         qui     vient
        le cœur         qui bat
                 esprit et vie            je suis
                    amours désirs et puis
un jour         une nuit        qu'importe     je suis
        qui             comment
                je vous aime            tant et tant
                  femmes lumières et infinies
                       et je m'aime
                           aussi
                                        depuis que je vis

## Simplement

Haleine chaude
chape de torpeur
silence grésillant vaillamment
un été méridional
un peu plus chaud qu'avant
à peine effleurées
les feuilles frémissent
douces caresses
et ce soleil qui crame imperturbable
tout ce qui est à sa portée vraiment tout
de l'ombre vite
et la fraîcheur du bord de mer
sa brise salée
journée banale journée estivale

## Dépendance

Attendre
que l'autre
puisse ou veuille ou sache ou ose
Espérer
que l'autre
soit en affinité ou en infinité ou disposé
Attendre espérer et patienter ou renoncer
Vivre est une histoire de deuils
pour vivre et avancer
vers quoi ?
Qui le sait ?

## Imparfait

Je ne sais pas être parfait
tout juste perfectible
de temps en temps
je n'ai pas la recette pour être irréprochable
je suis du sable
que la moindre bourrasque de sentiments emporte

vers un océan de perplexité
je vais de dune en dune
pour bâtir mon château en Espagne
avec Cervantès

## Matinale

Le carillon chante
au-dessus
un voile nuageux sombre
les arbres balancent
pas un oiseau pas une cigale à l'horizon
au-dessous
des gouttelettes m'encensent
d'une fraîcheur apaisante
le carillon tintinnabule
mélodieux
je pense
à quoi ?

## Révoltes multicolores

Gilets noirs verts jaunes rouges orange
la rue multicolore et multiple
s'insurge s'exprime et dénonce
devant un pouvoir hautain
qui a du plomb dans l'aile
et plombe les citoyens froidement
le fric encore et toujours le fric
au risque d'empoisonner gravement
le peuple impuissant face aux mensonges
silence on tue on noie avec cynisme
des vies autant que des libertés
l'égalité est une arlésienne sinistre
et la justice une illusion bien souvent
un carnaval pour canailles
amer et sombre
mais Dieu fera sûrement le ménage
un jour ou l'autre d'après certains

gilets jaunes verts noirs ou rouges
peu importe la couleur
tant qu'il y a de l'espoir.

## Torride

À peine un brin d'air
pas un chant d'oiseau
pas un frémissement de feuilles
un silence touffu assourdissant presque
sentiment d'éternité
en ce petit matin bleu
avant la torpeur incandescente
qui étouffe peu à peu la fraîcheur
la Terre brûle des horreurs écologiques
agir pour vivre
vivre !

## Ad-diction

Les mots m'emmerdent
                            mais
                                          car il y a un mais
                          – il y en a toujours un quelque part –
je ne sais rien faire d'autre avec mes dix doigts
ni avec le reste
quoique (mais – toujours ce mais – c'est une autre romance)
je poétise je rimaille je blablate j'intellectualise
tout ce qui me tombe sous la dent – creuse au demeurant –
j'écris à tort et à travers tout et n'importe quoi
ce qui me traverse les synapses
vu qu'ils sont sans cesse dans une bougeotte conceptuelle
et sensuelle et bucolique et alcoolique
j'écris et vous lisez
on se demande pourquoi (mais) vous lisez
mes élégies allégoriques
et mes inepties transgéniques
les mots m'emmerdent – ce ne sont que des mots après tout –
silence ! On tourne
                    « cris et chuchotements »

## Un malheur peut en cacher un autre

J'ai jamais d'chance ça n'arrive qu'à moi
qu'y disent inlassablement
chacun sa rengaine chacun son mantra
faut s'qu'y faut ici-bas pour faire un monde
y font c'qu'y peuvent pour passer l'temps ces pauv' gens
c'est prenant victime à plein temps faut pas croire
c'est pas donné à tout l'monde d'geindre à tous les temps
faut une cible une p'tite malchance à s'mettre sous la dent
mais qu'c'est épuisant d'broyer du noir à tout bout d'champ
car s'plaindre c'est moins marrant que d'sourire assurément

La vie c'est dur autant passé du bon temps en attendant
l'point final à toute chose
y a toujours une raison pour rire quand même    vous   croyez pas ?

## Exhortation

Ose
prends ta vie à pleins poumons
donne-lui du sens et de la vie
ose
n'attends pas que le temps passe
il ne reviendra pas
ose
bon sang
ose
sois qui tu es pas celui qu'on attend de toi
tu ne peux pas plaire à tout le monde
ose
pour ne jamais regretter
de n'avoir pas osé !

## Question de goût

Dis-moi
mon body, ça t'va ?
Il te plaît ?
Pas trop d'guingois ?
Je sais
c'est une vraie guinguette
en chair et en os
qui guinche de traviole
entre les bras de la vie
mais c'est mon body quoi

Et ma bodhi, ça t'va ?
Elle te plaît ?
Pas trop avachie ?
Je sais
j'ai pas l'air comme ça
tout flétri et raplapla
mais la vie me va comme
un gant d'amour
c'est ma bodhi quoi

Chacun son éveil

## Irresponsables

Ça va tu crèves sous la canicule
c'est qu'un début rassure-toi
qu'as-tu fait pour que ça n'arrive pas
t'as attendu que les autres se bougent
ou peut-être après toi le déluge tu penses
et tes enfants et petits-enfants t'en fais quoi
la rue est une poubelle l'océan est une poubelle
parce que t'as la flemme d'aller vers une poubelle

Paradoxe démocratique et existentiel
je suis vivant grâce à ce capitalisme
qui tue la vie à tour de bras

déforeste pollue spolie déshumanise ravage
vivre sous respirateur quand d'autres suffoquent
ironie tout n'est qu'ironie en fin de compte
bienvenu dans le nouveau monde
celui du chacun pour soi
réveille-toi rien de plus beau qu'un papillon

## L'honneur de Greta

Quelle honte cette ignominie mesquine
d'intellectuels décatis et aigris
qui n'arrivent même pas à la cheville
de cette adolescente à l'intelligence
bien supérieure à la leur
et d'un courage derrière l'apparence
dont ils n'ont pas la moindre idée
reclus dans leur monde de suffisance
aussi lénifiante que décadente
La différence dérange encore plus
lorsqu'elle met en évidence
les lâchetés et les compromissions
des petits-bourgeois méprisants
et des tiroirs caisses sans état d'âme
envers les vérités trop dérangeantes
dont ils se font asperger
Il est vrai que vu leur âge
ils n'auront guère à souffrir longtemps
des immenses ravages climatiques
provoqués par leur atomisée génération
– la mienne par la même occasion –
si ce n'est pour nous
au moins réagissons
pour nos enfants pour l'humanité innocente
Comment ne pas penser à Noah
face aux brûlures d'un soleil dévastateur
lui qui est si vivant aujourd'hui
Se battre pour nos descendants
sortir de nos égoïsmes mercantiles
avant que le mal soit irréversible

## Panne

Les mots
qui ne montent plus ne sortent plus
ou sont creux tellement creux fades insipides
trop ineptes pour satisfaire même un hamster
égarer le sens du verbe dans le trop
auteur en panne de cohésion
inspiration en berne sous le carafon
faut se mettre au vert
ver de terre
faire hiberner les neurones
se taire
au moins le temps de se refaire
une imagination débordante

## Alléluia !

Elle me ravit le palais
à chaque bouchée
je jouis des papilles
pour sûr je mourrai épicurien
dans un ravissement buccal
le regard plein de gratitude
pour ses mains de fée
épicées d'amour
Dieu qu'elle me ravit
la vie est belle
et bonne
tous les jours

## Le vent

Tin-ti-na-bule
bulle de vie
bol d'air
sur un coin de terre
coin de paradis
que le vent balaye
que la vie ravit
le carillon
tintinnabule
une mélodie qui sourit
je vis
viens

## Progression

Je suis la progression du jour sur le mur que grignote l'ombre
le temps avance inexorablement jusqu'au soir puis
s'enfonce dans un sommeil d'espoir
je suis le temps      mon temps

## Elle est

Elle est
dans son antre
son royaume d'amour
elle vit
Elle rayonne se disperse se retrouve
s'élève
irrésistiblement
Nirvana
!

## Peinture vivante

Comment ne pas aimer
ma peinture ambulante
si vivante si riante
comment ne pas aimer
mon tableau en chair et en cœur
sourire clinquant bonheur rayonnant
je l'aime cette petite sauterelle
peinturlurée de la tête aux pieds
tel un Sioux ou un aborigène
livre à ciel ouvert
cœur à renverser la Terre

## Vite alité

Ce corps qui rouille et raille
et rue tous azimuts
sur le brancard bringuebalant
du vieillissement ça couine
ça coince ça grince ça crisse
ça fuit d'partout
Maman j'ai plus vingt ans !
Tu crois qu'j'en ai combien grand couillon ?

## Écoute !

Entends-tu le silence de la nuit
le chant des étoiles qui dansent tout là-haut
le bouddha qui rayonne au fond du jardin
entends-tu la vie qui sourit paisiblement
le temps qui s'écoule entre tes bras
respire et regarde
regarde autour de toi
l'espoir est partout
donne-lui sens
et l'amour jaillira
j'ai tant d'amour cette nuit.

## Y z'ont pas

Y z'ont p'us d'mains
y z'ont des portables
Y z'ont p'us d'temps
y z'ont Facebook
Y z'ont p'us d'langage
y z'ont Twitter
Y z'ont p'us d'courrier
y z'ont WhatsApp
Y z'ont p'us d'yeux
y z'ont des selfies
(et des self-service des self-control des self-que veux-tu)
Y z'ont p'us d'vie
y z'ont des réseaux sociaux
ou des raisons sociales
presque une fin en soi
Y z'ont oublié que rien ne vaut de
regarder voir sentir toucher goûter dialoguer
en tête-à-tête ou tête-bêche
en cœur à cœur ou corps à corps
à cœur perdu et éperdu
d'amour d'amour d'amour

## Les vieux rapiats

Rien
ils n'en ont rien à foutre
de l'avenir de la Terre
tant pis pour leur descendance
ils veulent du blé
encore et toujours du fric du flouze de l'oseille
ils veulent vendre
vendre !
tant pis pour la nature
l'écologie c'est pour les autres
pas pour les vieux rapiats
propriétaires terriens moribonds
avant l'âge ou avant l'heure

calculateurs à courte vue
après avoir pollué à tour de bras
Il restera le pactole aux héritiers
pour se soigner se soigner
mais d'abord vendre
vendre en profiter
avant de passer l'arme à droite
en versant une larme de nostalgie
car c'était mieux avant mon bon Monsieur
Et vive l'écologie du pire !

## Aux âmes citoyens !

Mourir à soi
mourir aux autres
mourir d'amour
mourir de plaisir
mourir d'ennui
mourir d'envie
mourir de rire
et vivre en pleine lumière
Tout n'est que mort
et résurrection
autant s'y faire
et ne pas creuser
son propre enfer
mais mourir de vie
paix à nos âmes
et bienvenus sur Terre

## Épidémie autoritariste

Trump Modi Salvini Bolsonaro
Johnson Xi al-Sissi Poutine
Salmane Maduro Duterte
Nétanyahou Jong-un Erdogan
Orban Khamenei Diaz-Canel
j'en passe et des meilleurs
la fachosphère s'étend
comme une épidémie

de choléra ou de cholestérol
le désespoir rend fou
raciste aveugle et sourd
jusqu'à préférer les tyrans
cupides et cyniques
à la démocratie des cœurs
Toutes mes condoléances...

## Conditionnalité

Liberté conditionnée
indépendance conditionnelle
une vie à refouler
à s'adapter à faire le deuil
d'une part de soi-même
Pour certains vaut mieux naître
puritain ou timoré
ascète dans son lit plutôt qu'à sept
légume docile et soumis
assujetti à la fatalité de sa non-vie
Infiniment rebelle je suis
iconoclaste jusque... dans mon lit
à perpète je m'en réjouis
ne jamais abdiquer sa liberté !

## Elle est

Elle est si lumineuse
si lumineusement belle
humilité flamboyante au-dessus
effervescence exubérante en dessous
j'aime ma nonne polychrome
lorsqu'elle rit aux éclats
tout paraît si simple à ses côtés
quand tant se compliquent la vie

## Science-fiction ?

Seul avec moi-même
et Asimov
au petit matin
dans une fraîcheur lénifiants
sous un ciel floconneux
tout est immensément calme
je suis ici je suis ailleurs
dans un profond nulle part
les mots défilent
évasion douce évasion

## Difficile deuil

Jamais
ne jamais connaître la solitude
la vraie
seul
loin de tout et de tous
au milieu de nulle part
et de partout
jamais
le silence profond
juste les bruissements de la vie
de la nature tout autour
les battements de mon cœur
et le mouvement de mes pensées
loin de tout et de tous
jamais
plonger dans l'océan
me prélasser sous une cascade
jamais
ne jamais revenir
pour mettre mes bras autour de toi
et poser un baiser frais sur tes lèvres offertes
destin
chemin initiatique
creusement vers la lumière
toujours toujours toujours
merci amours

## Marcel Luther King

Moi aussi,
j'ai fait un rêve.
Marcher ?
Non, je ne rêve pas de marcher. Pourquoi faire ? Tant de gens marchent de travers, marchent au pas, marchent à reculons, marchent à la baguette, marchent sans marcher, marchent pour marcher, marchent par habitude, marchent au radar, marchent à côté de leurs pompes, marchent au ralenti, marchent avec peine, traînant leur ennui.
Pourquoi marcher si c'est pour se perdre plus vite ?
Non, je ne rêve pas de marcher. Je l'ai un jour rêvé, lorsque j'étais jeune, que j'avais toutes mes dents et encore beaucoup d'illusions. Il y a longtemps. Si longtemps. Déjà.
Être aimé ?
Non, je ne rêve plus non plus
d'être aimé.
J'ai de l'amour plein les bras, le cœur débordant et les yeux frétillants, de cet amour que je reçois, et que je donne, c'est important de donner aussi. J'ai tant d'amour qui me nourrit, me guide et m'inspire toutes mes folies. L'amour rend fou, tellement fou, fou de vie et de libertés aussi. Le genre de folie qu'il faut souhaiter à tout le monde, une folie qui fait marcher vers l'infini. Mais tant de gens ont peur de marcher, peur de se lâcher.
Non, je n'ai vraiment pas envie de marcher. Je vous laisse le faire à ma place. Mon naturel généreux, sans doute. On ne se refait pas.
J'ai fait un rêve,
vous aussi, j'espère.
Oui, j'ai fait un rêve mais...
je ne vous dirai pas lequel.
Il n'appartient qu'à moi. Peut-être qu'il m'emportera dans l'au-delà.
Et peut-être qu'il se réalisera.
S'il se réalise, je vous le raconterai. Peut-être.
Des rêves, j'en ai tant.
Est-ce pour cela que je suis toujours vivant ? Peut-être. Qui sait ?
Essayez pour voir. Ne renoncez pas. Jamais ! Jamais !

## Vogue la liberté

Tous ces corps beaux
qui coassent de vagues
en vagues de vagues
extases qui voguent
sous un ciel immense
immensément bleu
Qui suis-je ?
Un corps au milieu
de corps beaux
comme la vie
je crois

## Interrogation

Il fait beau
magnifiquement beau
trop beau
pour être vrai
c'est inquiétant
terriblement inquiétant
Que deviendra l'humanité ?

## Dans les étoiles

Éponger sa peine dans les étoiles
aussi filantes que la vie
que le temps qui passe
près de toi
et s'abreuver à cette sensualité
si voluptueuse
que l'extase jaillit tel un cri
un éblouissement aussi bref qu'intense
la chair est faible mais tellement exaltante
Où est la quintessence des saisons ?
Dans l'amour, n'en doutez pas, dans l'amour.
Femmes je me sens bien futile certains jours
trop loin de vous

comme un petit air de manque
bruisse dans ma tête
une douce mélancolie

## Thérapie solaire

Un peu de soleil sur le visage
et tout oublier

Oublier cette tension exaspérée
qui ronge soudain dissoute
par la chaleur qui pénètre
au plus profond de l'être

Toute cette agitation
cette superficialité
m'insupporte irasciblement
je ne suis pas d'ici plus d'ici
mais d'où suis-je

Un peu de soleil sur le visage
et aussitôt s'apaiser

## Le chant d'Éole

Le vent
le vent chante
enchante les arbres
les arbres se balancent
les branches se déhanchent
la nature danse
contemplation

## Extase

Sa bouche
ô sa bouche intense
qui encense
les sens aux aguets
temps suspendu
haletant entre les lèvres
ô sa bouche qui virevolte
extase
suffocante extase
tout chavire

## Mais eux

Je suis sourd mais eux
n'entendent pas
écoutent sans écouter
sont là sans l'être
la tête ailleurs je ne sais où
répéter toujours répéter
pour me faire entendre
comprendre juste comprendre
je suis sourd mais eux
comble de l'ironie lassante

## Le sais-tu

Sais-tu
l'espoir des présumés sans espoirs
celui qui mène
à la gloire
de celles et ceux
qui veulent
et osent
y croire
le sais-tu
?

## Hédonisme

Connais-tu la saveur d'un met dans la bouche ? Les arômes se fondant et se confondant au rythme délicat de la langue et des dents ? Dis-moi, connais-tu cela ? Sentir les senteurs jaillir et se mélanger pour faire un bouquet de vie et de plaisirs ? Plaisir indicible de manger, de se soustraire à tout, jusqu'à ne plus être que la saveur qui emplit l'instant d'un bonheur à chaque fois unique ? Dis-moi, connais-tu cela, toi que je ne connais pas ? Sinon, ne meurs pas avant d'avoir savouré la vie à pleines dents. Au moins une fois. Avec un petit verre de vin ou sans. Mais surtout connaître au moins une fois le paradis des papilles. À ta santé !

## Misanthrope

Après des décennies « dociles »
fuir
fuir dans sa tanière
dès que possible
se calfeutrer s'encoconner
renoncer à du confort
physique
pour un confort de l'esprit
comment dire cette soif
de solitude
qui peut la comprendre sans l'avoir vécue
peu très peu
fuir pour se retrouver un peu
après s'être perdu donné monnayé
par la force des choses
• car certaines choses ont une force insidieuse –
nulle acrimonie ni ressentiment
de la saturation juste de la saturation
après des décennies des quoi avez-vous dit
Non notre corps ne nous appartient pas toujours
il faut le mériter
ne le négligez pas vous n'en avez qu'un

## Humain

Humain
savez-vous encore être
simplement    bêtement
et même
pourquoi pas
béatement
humain
juste humain
de temps en temps
donc imparfait
délicieusement imparfait
le savez-vous encore ?
Essayez
ça fait du bien
de temps en temps

## La pluie

La pluie avec parcimonie
tant de parcimonie
dans le Midi
que du bleu à peine du gris
la nature asphyxie
incendies
la vie qui crie
en enflammant les esprits
le bleu radieux ravi
mais la pluie revit
la nuit danser dans le lit
une ode à la pluie et puis

## Woodstock/50

Sublime utopie
dantesque folie
chaos fraternel
marée humaine de vibrations
de chants et de poèmes
peace & love en musique
en transes infinies
et cette communion surnaturelle
dans la pluie la boue le vent
et le soleil des cœurs et des corps
Woodstock j'y serai
dans une autre vie

## Épicurisme

Entends-tu le son de sa peau sous tes lèvres ? Sens-tu le velouté, la douceur et les frémissements de sa chair sous ta bouche ? Écoute, écoute son corps chanter ! Et goûte la saveur qui se répand sous ta langue insatiable. Prendre le temps de l'enchanter pour mieux s'en imprégner. Les arômes qui s'échappent et fusionnent en un nectar grisant jusqu'à l'extase. Indicibles épices de nos émois qui s'émerveillent sous les limpides assauts de nos désirs enchevêtrés. Nous sommes si peu et tant. Si peu et tout. La chair est faible, je vous l'accorde. Mais quelle est délectable lorsqu'elle s'émeut. L'Éden est à vous. Choyez-le à satiété. La vie n'est que « luxe, calme et volupté », une gouleyante invitation au voyage…

## Clepsydre

La vie va si vite
se diluant sur l'horizon d'un temps rétréci
hier c'est déjà demain
je n'ai même pas le temps de t'aimer que le jour s'endort sur l'oreiller
et les rides qui se creusent les traits qui s'empâtent
imperceptiblement mais consciencieusement

tel un vieux chêne les années se dessinent sur le corps qui se
déchaîne
qui se déchaîne pour courir après le temps ?
Le temps de quoi ?
De t'aimer
pardi de t'aimer

## Lassitude

Courir après son ombre
d'acte manqué en acte manqué
coup de mou coup de frein
fatigue morale
énergie en panne
même les fleurs fanent au fond des yeux
alors qu'il fait beau sous l'azur
lassitude
chères montagnes russes
saturation
heureusement les étoiles le soleil le silence
alentour tout sourit
malgré les batteries à plat
à plat de couture
et le corps qui se rebiffe
biffant les manques
arrêter de courir et prendre le temps
de rire
même de sa lassitude

## Aveu déclaratif

Femme, je te vénère jusqu'au fond de ton Mystère. Femme, j'erre dans tes contrées infinies tel un enfant ébloui par les émois de l'existant. Je ne suis ni Baudelaire ni Apollinaire ou Prévert, je ne suis que moi auprès de toi, Femme. Ni plus ni moins. Je promène ma vénération ébahie dans la vie à l'instar d'un bijou que je contemplerais jour et nuit.
Quel est donc cet aimant qui m'aspire et m'inspire dès que tu séduis mon regard ou mon cœur ou tout ce que je suis ? Je crois que j'ai oublié de savoir vivre trop loin de toi. Comme

si te suivre régénérait ma voie ? Et cette soie et ce feu et cette phosphorescence des sens qui pétillent dans tes yeux. Femme, ne te perds pas dans les méandres obscurs du vil manque de confiance en toi, tu as tant d'appas et de qualités enivrantes que je n'ai d'yeux que pour tes rires gracieux. Toi auprès de qui j'ai appris l'amour jour après jour et découvert le chemin de mes sens incandescents de vie. De toi. De vous.

## Con-passion

J'ai beaucoup de con-passion
depuis que la religion a béni
avec une certaine dévotion
ma vocation à l'Ouest d'Éden
dans un coin de jardin ludique
du Cantique des cantiques
Je suis devenu dévot à ma façon
plein de ferveur et d'émotions
un ardent pratiquant de l'absolution
devant cette si chair con-passion
qui m'attendrit tant l'âme et les sens
lorsque je te sais aller au septième ciel
là où les anges se frottent les ailes
Il est décidément des cultes extatiques
qu'il serait bien dommage d'ignorer

## Éden gastronomique

J'ai trouvé un coin de paradis
forêts et collines à perte de vue
mamelons constellés d'arbres
lumière et quiétude numineuses
dans un cadre quasi monacal
tant il prête au recueillement
lieu hors du temps et du trivial
perdu au milieu de nulle part
et pourtant tellement vivant
comment dites-moi comment
ne pas toucher au divin
quand chaque met chaque plat

chaque bouchée n'est qu'une extase
un ravissement sans nul autre pareil
j'ai rencontré le paradis je vous dis

Et puis l'enfer a surgi
comme si l'un ne va pas
sans l'autre ici-bas
comme pour casser un rêve
ou donner plus de lumière
ou de valeur que sais-je
à ce paradis si près de l'enfer
Souffrir par là où on vient de pécher
sa gourmandise cette tentation si édénique
c'est cruel sadique même
demandez à Adam et à Ève

chacun son serpent finalement
À bientôt au Paradis donc
si vous passez par Vailhan...
j'y serai sûrement si je ne suis pas mort avant

## Conseil d'initié

Osez vivre ! Osez vous dé-chaîner !
La vie est courte si courte
pour être heureux longtemps
Osez pour ne pas regretter
de ne pas avoir osé vous lâchez
Il n'y a pas d'échec
il n'y a que des fuites en avant
Osez vous libérer
de vos sécurités aussi illusoires
que votre peur d'y croire
de croire en vous
pauvres mortels sans espoir
votre vie vous appartient
personne ne la vivra pour vous
personne

## Passé éternel

*Apache* s'envole ce matin
au bord du jardin
le regard au loin le cœur au près
le passé revient
mais il est si loin
si loin et pourtant bien tapi
dans un coin de ma mémoire
je suis mon enfance
mon adolescence ma maturité
et ma vieillesse rajeunies
tout est là en moi
ne faisant qu'un
et *Apache* s'en donne à cœur joie
trois minutes de bonheur

## Le bonheur

Le bonheur n'est pas que pour les autres
il n'appartient qu'à toi à chacun de nous
il est présent à chaque instant
lorsque tu sais le voir l'entendre le nourrir
il est fugace espiègle subtil et vagabond
il vient s'échappe revient
As-tu l'état d'esprit pour être heureux ?
Que fais-tu d'un rayon de soleil
qui te caresse au petit matin au fond du lit
que fais-tu d'un sourire qui vient vers toi
au coin d'une rue et poursuit son chemin
que fais-tu d'un regard caressant
d'un met renversant de lumière
que fais-tu de la vie tout simplement
qu'en fais-tu exactement
lui es-tu reconnaissant d'être vivant ?
Le bonheur est entre les mains
de tout le monde et de personne
il est libre et près à être cueilli
si tu es prêt à l'accueillir
Mais attention il n'aime pas la plainte
la résignation ou le fatalisme

## Incarnation inspirée

Comment ne pas être épris, séduit, conquis, par toi qui crée la vie, la beauté, l'harmonie de tes mains, de ton cœur, de ton corps, de ton âme, de tout ton être ? Toi qui donnes chair et sens à ce que tu incarnes. Chaque geste, chaque élan, chaque inspiration, chaque création, chaque parole, chaque don est un art quand le cœur, le corps, les sens et l'âme sont nourris. Créer, se créer, et le partager, l'offrir à écouter, lire, contempler, toucher, savourer, n'est-ce pas transcender la vie ? Offrant ainsi un peu de qui on est. Tout n'est qu'impermanence éternel ou éternité impermanente. Comment ne pas vous aimer, même de loin, sublimes créatrices du corps, de l'esprit, du cœur et de l'âme ? Tout m'exalte et me transporte lorsque c'est lumière, beauté, générosité, virtuosité, simplicité et humanité. Tout. Tout n'est qu'art, si tu oses être toi. Même les transgressions. Comment ne pas être amoureux de toi, toi qui me réjouis ?

## L'Amour n'est pas un mantra

Amour amour amour
qui n'a pas ce mot à la bouche
le mettant à toutes les sauces et toutes les religions
divin mantra qui ment si facilement
L' Amour n'est pas une béquille
c'est un Souffle un Élan une Lumière
en mouvement toujours en mouvement
l'amour d'aujourd'hui n'est pas celui de demain
s'il est vivant libre et vrai
sans arrière-pensée ni attente ni besoin
tout le reste n'est qu'illusion
ou endoctrinement fuite ou enfermement
si ce n'est pas une prison quelle qu'elle soit
alors l'amour est rayonnant
je t'aime parce que tu es j'aime qui tu es
pas qui j'aimerais que tu sois
chemin exigeant mais si nourrissant
    **JE T'AIME !**
Qui que tu sois.

## Plénitude

De la lumière
des flots de lumière
dans la maison dans le jardin
dans la vie
et cette quiétude sous les arbres centenaires
cette vie aussi simple que dense
cette lumière ce calme cette sérénité alentour
qui baignent la maison le jardin
le cœur l'âme et le corps par tous les pores
un silence presque assourdissant
et cette impression de lévitation
le bonheur est simple

## Mosquito guérilla

Moustique je te hais
je te voue aux gémonies
à griller telle une engeance maléfique
je sais ce n'est pas très bouddhique
ni très catholique non plus
pas grave je ne pratique que l'Amour
les plaisirs et la volupté sous tous ses jours
Moustique je te hais
je te condamne à la raquette électrique
vile créature satanique qui profite
d'un pauvre petit être sans défense
Et le moustique ria de toutes ses dents
la panse pleine de mon sang

## Fontazelles

L'Ermitage du sage
niché sur son perchoir
entre terre et ciel
au milieu de nulle part
sur son promontoire isolé
l'immensité à perte de vue
d'une beauté et d'une pureté
à couper le souffle et
ravir l'âme et les yeux
solitaire somptueux sous sa tignasse blanche
auprès de sa dulcinée
il est
simplement heureux

## À demain...

La vie va
un jour avec un jour sans
un jour comme ci un jour comme ça
un jour en haut un jour en bas
un jour par-ci un jour par-là
un jour sans toi un jour sans moi
un jour patraque un jour d'attaque
un jour de peine un jour de joie
la vie va
à grandes enjambées ou petits pas
mais elle arrive toujours à ses fins
la vie dans ton jardin
chacun sa vie chacun son destin
celui qui le construit celui qui le subit
allez
joyeuse vie et à demain
!

## Fin de saison

L'été touche doucettement à sa fin　　　　déjà
fraîcheur matinale sous un soleil estival
températures clémentes la nature respire
retrouver ses vêtures
le temps passe et passe
« Qu'en as-tu fait ? » « Euh, rien ou si peu et tellement…
tellement. »
En tout cas, je suis plus vieux qu'avant mais radieux
irradiant d'amour et de projets pour
au moins une dizaine de vies au moins
mais je vieillis et le temps rétrécit se ratatine sous mes envies
mon corps aussi « qui dit oui, qui dit non, qui dit « On t'attend
»
« Oh, pas si vite, j'ai encore le temps ! Qu'est-ce que tu crois
? »
L'été va vers sa fin les jours maigrissent à vue d'œil
l'automne se prépare
ne rentrez pas trop tard

## Comme un pot

La nuit　　　　sourd comme un pot
que dis-je
plus sourd qu'un pot de concombres faisant une orgie
juste les chuintements du cerveau
pour me rappeler que je suis toujours en vie
un silence total　　　　enfin !
Le temps de me faire peur　　　　à chacun son film d'horreur
et si et si…　　　foire aux idées trashs　　　à chacun son crash
seul dans la nuit　　　　sourd comme un pot
déconnecté de tout　　　　sauf du respi
et Morphée qui surgit
à chacun son orgie de concombre conquis
par la vie　　　　par la vie pardi

## Seul au monde

Un ciel limpide
pas un bruit pas un mouvement pas un son
les oiseaux sont absents tout est silencieux
seul au monde
sous la voûte sereine d'un arbre ancestral
la vie est là imposante et digne
éternité à portée de main à portée de regard
je suis !

## Zénitude

Ici
vous êtes sur le seuil de l'Éternité
presque au bord du Ciel
tutoyé par la cime paisible des arbres
Ici
tout inspire la sérénité
tout vibre d'humilité
chaque pas respire une plénitude
nourrie de légèreté
douceur de vivre
même la beauté est humble
magie de la spiritualité
Ici
chaque être n'est qu'humanité
une humanité dans toute sa fragilité
ses forces et ses faiblesses
que l'apparat cérémoniel
ne peut voiler
chaque être est vrai
dans sa bonté personnel
Ici
moment hors du temps
où la Source est Lumière
et Mystère

## Religions

Béquilles ou Vérités ?
Fuir les religions pour aller vers le *religare* ?
Les religions n'éloignent-elles pas bien plus qu'elles ne relient les êtres, par tentation de l'intransigeance ou, pire, de l'intégrisme ? Même le bouddhisme n'y échappe pas, même le bouddhisme.
Pourquoi tant de cultes, tant de rites, de cérémoniels, pour des dogmes et des préceptes que tout être censé porte en soi ?
Pourquoi ce Paternalisme Divin aux relents de machisme malsain ? Pourquoi la Vérité ne serait pas féminine ou agenre ? Le Masculin est-il son unique détenteur et dépositaire dans le monothéisme, en fin de compte si primaire et lancinant pour des libertaires, des êtres assoiffés de Liberté ?
Mon dieu, que de « Maître », de « Sainteté », de « Nonce », de « Pope », de « Pape », de « Rabbin », de « Prophète », d'« Ayatollah », d'« Abbé » et autre soi-disant représentant pontifiant !
Qu'importe la Voie si elle mène à la Lumière, la Tolérance et l'Humanité, si elle a l'humilité de ne pas détenir la Vérité. La Vérité est en tout être, comme la Voie, la Vie ou l'Amour. Tout Être est Spiritualité. Sa propre Spiritualité. Le bon sens est universel, il suffit de le cultiver, non ?
La Foi et la Voie sont en nous, non ? Chacun son chemin pour les faire germer et rayonner.
Je n'aime rien tant que la liberté, ma liberté sans apparence ni apparat et loin de moi l'idée de vouloir convaincre ou guider qui que ce soit. Juste être ! Aussi juste que possible.

## Nonne

Si lumineuse et radieuse
le regard rayonnant d'une vie intense
et cet aura léger presque palpable
qui l'habille de sa vitale Vérité
nonne elle est dans toute sa plénitude
le bonheur est simple lorsqu'il effleure les Cieux
et cette douceur de vivre alentour
elle va résolument elle va vers sa Voix
comment ne pas l'accompagner même de loin

## Enfant lumière

Ce sourire permanent
délicieusement craquant
ce sourire si vivant
et cette vitalité inépuisablement
qui s'émancipe allègrement
Que la vie est belle en souriant
que le bonheur est simple avec de l'amour
par brassées de cœurs reconnaissants
qu'il fait bon être l'enfant du désir
les jours de soleil et les jours de pluie

## SexeS

    Leurs sexes
incandescence nocturne
haletant d'un désir qui fleure
une si longue absence
leurs sexes impatients
se rejoignent se hument se fondent et se confondent
dans ce brasier incarné
d'un soir de désir partagé

## Si loin, si près

Tant de temps loin l'un de l'autre
elle et lui
qu'ont-ils fait qu'ont-ils dit
seul le vent le sait
et elle et lui
qui ont vécu leur vie
loin l'un de l'autre
et si près à la fois
qu'ils se touchaient parfois
de loin      je crois

## Balançoire

Douce pénombre du petit matin
éveillant l'âme au jour qui vient
tu es tout tu n'es rien
ta vie t'appartient
mais quand tu te plains
tu oublies de suivre ton Chemin
pourtant toujours le jour revient

## Allégresse

Cette joie indicible
qui cible ton âme
au hasard d'un jour
où tout soudain devient
inexplicablement si léger
l'allégresse est lumineuse
éphémère griserie de l'être
sous un soleil accueillant

## Sexes-têtes

Elle et lui danse de chairs et de flammes
elle et lui grisés d'essen-ciel par chœur
elle et lui intriqués d'appétences musicales
désir explosif à corps et à cris crus
fulgurance radicale a tout emporté

## Elle-s

Elle est sa lumière
elle est son feu
où est la folie tapie en lui
cette liberté qui s'ébat
elle est partout autour de lui
qui attend de surgir
pour créer qui ou quoi
La vie la vie tout simplement

si sage et si folle à la fois
lorsqu'elle jaillit

## Ce qui

Ce qui m'importe ?
C'est ce qui transporte ton cœur
gorgé d'éruptions d'amour.
Ce qui m'apporte ?
C'est ce qui porte tout ton être
vers sa sublimation lumineuse.

## Bras langoureux

Et tes bras langoureux
sur ce corps mort de faim
et tes mains qui fouillent
et tes mains qui touillent
la chair qui crépite et s'enchante
de la douloureuse oppression d'un désir incandescent
jusqu'à l'infusion de la jonction florale

## Eva Luca

Ce regard de braise qui transcende le verre
art jailli des tripes avant de fusionner avec l'âme
et cette flamme et cette passion pulsionnelles
et cette beauté subtile qui fait la différence avec la banalité
la main peint et les yeux luisent et le sourire se dessine
à moins que l'insatisfaction attise l'inspiration
jusqu'à l'accomplissement de l'œuvre espéré
qui s'abreuvera de lumières jusqu'à être multiple et singulière
créer c'est accoucher donner vie et offrir du bonheur
au fond de son atelier de solitude inspirée

## Vie poétique

La vie est une poésie
pourquoi chercher les vérités ailleurs qu'en soi
n'est-elle pas beauté à l'état pur
que seuls les cupides rendent impure ?
La vie est une poésie
poétise-la de petits riens et de grands éclats

## Unité

L'esprit et le corps
l'âme et la chair
être Un
pour être
Tout
Dieu est une pernicieuse vue d'esprits
machos
La Vie n'a pas de genre
La Foi n'a pas d'apparat
Elle Est
Amour
Elle Est
ce que tu es
Je Suis
!

## Machos

Cette prédation permanente
jamais repue de chair fraîche
ce gringue incessant confinant au ridicule
et cette prétention jusqu'à l'indécence
d'être indispensable unique et irrésistible
d'être le meilleur le sauveur de ces dames
le champion de la chose dans toutes les positions
avec des formules langagières d'egos emphatiques
Mais que fuient-ils avec leur assurance d'apparat ?
Leur ombre ?

Mais que leur trouvent-elles pour succomber ainsi ?
Une sécurité ?

## La tortue

Il est un jour il est un âge
où l'on finit par être
suffisamment sage ou désabusé
pour renoncer ou peut-être se résigner
à courir après ses illusions
ses songes d'une nuit ou de mille et une
afin de cesser de s'essouffler

Il est un jour il est un âge
où l'on se dit
que ce qui doit être sera
quel que soit
le jour et l'âge
ta vie t'appartient
prends-la tendrement
par la main

## Perpignan

Ici
c'est le centre du monde
où les femmes sont rondes
pulpeuses et sensuelles
sur des places au soleil
ici
entre Maillol et Dali
s'étend Perpi Pepsi et
Perpi paradoxe
celle qui séduit et celle qui rebute
par ses rues accueillantes et d'autres si délabrées
ici
l'extrême droite gangrène des esprits
confits d'inégalité et de racisme
rances et surannés
source d'aigreurs mal contenues
à proximité de rues touristiques

qui appellent à flâner
jusqu'à être conquis
par une générosité impromptue
ici
vibre le cœur catalan
à chaque coin de rue
le Roussillon inspire le regard
entre le Castillet et le musée Rigaud
il suffit de suivre le regard
puis de s'asseoir à un café
pour se laisser vivre et respirer le temps

## Eus [eous]

Accroché au flanc de la montagne
village étonnamment éternel
perché au-dessus de la vallée
vieilles pierres et douceur de vivre
loin du tumulte de la modernité
petites rues pentues et abruptes
environnées de rochers sculpturaux
tout semble surgir d'un passé immuable
tel un musée naturel surréaliste et impressionniste
et cet espace infini qui s'étend à perte de vue
où le regard se perd éperdu
par tant de beauté et de sérénité
qui embrassent les nues
je me sens en suspension
en ce lieu aussi inaccessible que fascinant

## Les vieux

C'est la saison des vieux
cheveux blancs cheveux gris et quelques dents
chaussures de rando peu ou prou vaillants
l'automne leur va si bien maintenant
c'est la saison des vieux
allant d'une démarche bégayante
à chaque pas gaillardement de l'avant
par petits troupeaux pour se soutenir mutuellement

ils envahissent le sud et les chemins accueillants
c'est la saison des vieux
j'ai mal partout rien qu'en les voyant
moi qui essaie de rajeunir vainement
sentant soudain mes douleurs me rappeler
que je vieillis assurément

## Domaine
### (Château Nadal Hainaut)

Des vignes à perte de vue
imposantes et paisibles bâtisses en vieilles pierres briques et chaux
de cette paisibilité née d'un savoir-faire qui traverse les âges
chargé de mémoires générationnelles
rengorgées de souvenirs et d'histoires intemporels
vestiges du passé tournés vers le futur
Luxe calme et sérénité planent humblement dans l'atmosphère et
s'épanouissent sous un soleil si généreux
pendant que le raisin délivre son nectar dans les cuves
Bacchus est à la fête ce sont les vendanges promesses d'ivresses à venir
le passé est éternité et racines que sera le futur
les amoureux peuvent venir le nid douillet les attend
Le sud sait vivre loin d'un littoral factice
monstrueuse démesure d'un mercantilisme sans borne
qui défigure le savoir-être et le savoir-vivre sous l'azur

## Instantané

La douce caresse du soleil automnal
une petite brise pour enivrer l'air
et cette lumière qui traverse l'horizon
comme pressée de changer de saison
et le temps qui passe et ne revient plus
l'esprit en lévitation ou en introspection
rien de plus rien de moins
Est-ce cela être sur le Chemin ?

## Changement de saison

La nuit rogne patiemment sur le jour
l'ombre paraît plus pressée de couvrir les murs
le temps suit son cours et court vers la nuit
comme si le soleil était fatigué d'avoir tant lui
du fond de ses rêves le cœur bat paisiblement
dans une fraîcheur propice à la méditation

## On a le droit de rêver

La norme alitée
agonise sur ses lits défraîchis
usée d'avoir trop discriminé
Il est temps d'ouvrir
les bras et les cœurs
plutôt que de fermer
les portes et les frontières
à la différence sous toutes
ses normes
Liberté Égalité Fraternité
!

## Le Roi Sommeil

Je suis le Roi Sommeil
dans son Château d'Bercail
un p'tit roi sans pareil
au sein de son sérail
Je suis le Roi Sommeil
et vaille que vaille
je m'bronze au soleil
avant qu'on s'chamaille
dans l'plus simple appareil
sur la terrasse en pagaille
je suis le Roi Sommeil

je sens que je baille

## Infiniment

Pas un nuage pas un oiseau
ne trouble l'azur
pas un bruit pas un chant
seul le froissement des feuilles brassées par le vent
et l'Infini l'Insondable qui me scrute paisiblement
je suis si petit je suis si grand
mais je serai si peu sans des bras aimants

## Le dos

Taraudé, compressé. Le dos. Cassé, tassé. Le dos. Par amour. Par amour ! Pour les rapprocher. Leur offrir un espace rien qu'à eux. Mais le dos est fourbu. Usé. Jusqu'à l'os. Dévertébré. Le dos. Les éloigne. Réduit leur espace de liberté. C'est si précieux. La liberté. Le dos. Sans pitié. Elle a tout donné. Tout. Il lui reste la volonté. Et l'amour. Et la vie. Et l'envie. Et la foi. La lumière de la foi.

## On tue

On tue la nature. On tue le temps. On tue la justice. On tue la vie. On tue l'ennui. On tue le social. On tue l'animal. On tue l'égalité, la fraternité et la liberté. On tue, on tue, on tue. Et que fais-tu ? J'écris. Et crie. Et crois. Croa-croa-croa.

## Désespérance

Immense tristesse oppressant le cœur
comme venue d'ailleurs
du plus profond de soi
pour bruiner sur les émois qui pleurent
tristesse intense qui mange le cœur
profonde lassitude d'aller au combat
contre des moulins à vent

pot de terre belliqueux
qui ne pense plus qu'à respirer et vivre

## Fulgurance

Un ciel rose et bleu qui enrobe les arbres
et cette numinescence en suspens qui descend des cieux
telle une vérité incandescente et fulgurante
Vois et Sois
ta Lumière

## L'essentiel

J'ai les sens ciel en moi
telle une limpidité en joie
qui ruisselle de toi à moi
de moi à vous de vous à eux
d'eux à moi de moi à l'essentiel

J'ai les sens sienne en moi
lorsque ma chair est glaise sous ses doigts
qui virevoltent sur mon corps en proie
à des émois éruptifs et bouillonnants
m'élevant intensément vers l'essentiel

## Humeur céleste

Le ciel a ses humeurs
contrarié Monsieur s'assombrit
soudain maussade et boudeur
il voile le soleil froidement

Le ciel a ses humeurs
devenant d'un coup vitupérant
il s'agite et brasse de l'air
sans faire de sentiments

Le ciel à ses humeurs
comme lassé d'être trop rayonnant

rentrez les épaules braves gens
ça va souffler dans les bronches
vite se calfeutrer dans ses songes

## Venteux

Le vent balaye la vallée
s'immisce dans les moindres interstices
use les nerfs s'invite sous les vêtements
les corps frissonnent et avancent péniblement
arc-boutés ou poussés impétueusement
le vent balaye la vallée
ce n'est plus l'été et pas encore l'hiver
mais il va falloir s'y faire
à ce temps qui déblatère à tort et à travers
il fait frisquet sous les palmiers maintenant

## Ta réalité

Quand vas-tu te soumettre à ta réalité
quand vas-tu écouter l'être qui croît en toi
arrêter de penser pour compenser et fuir
       TA RÉALITÉ ?
Tu n'y échapperas pas tu le sais bien
ou alors elle te vaincra tu le sais bien aussi
on n'échappe pas à qui l'on est
et l'on n'est pas le fruit du hasard
savoure la vie qui t'est donnée
cesse de combattre des fantômes
et des vues de l'esprit qui te coupe de
       TA RÉALITÉ
assume-la n'essaie pas de résister
vas vers l'humilité sans te dérober à ta vérité
tu as un handicap et tant de libertés
soumets-toi à ton altérité
et écoute la voix de la sagesse
    surgie malicieusement de
       TA RÉALITÉ !

## Matin d'automne

Lumière chatoyante
irise le mur
d'une clarté mouvante
matin d'automne
douceur caressante
la vie est un ravissement
l'espace d'un instant

## Épuisement

Comme dans un état d'hébétude
l'esprit hagard
nauséeux
au bord de la syncope
et les mots dodelinant qui s'essoufflent
plus la force d'être et à peine de faire
fuir s'isoler s'enfermer
laissez-moi tranquille me reposer
ceci usant de se faire maltraiter
consciemment
pour être accompagné

## Lumière du matin

L'horizon rosi au petit matin
comme pris de pudeur
le ciel semble gêné
de pénétrer dans les intimités
dessinant des ombres affairées
au ralenti sur les murs
la vie qui reprend doucement

que j'aime vivre dans ces instants !

## Paysagiste

Ce regard doux posé sur tout
tout ce qui vit tout ce qui croît
cet amour de la nature et de la liberté
ce sens de l'harmonie et de la créativité
qui s'intègre à ce qui est et séduit
les regards et les cœurs épris
de vies qui s'épanouissent en floraison
sous ta main prévenante et ravie
paysagiste écolo doux rêveur
je n'ai que mes mots en goguette
pour dire mon éblouissement réjoui

## Intemporalité

Le vent tourne la vie est mouvement
si tu ne crois pas en toi qui le fera
pas le temps il te file entre les doigts
lève-toi et marche ta vie n'attend pas

## Il fait gris

Le jour est gris
comme la nuit
comme l'ennui
comme les soucis
comme la souris
qui vite s'enfuit
loin du chat gris
comme la nuit
le jour est gris
et je souris
épris de vie
de toi aussi

## Nostalgie ?

Le temps
sur le pas de la porte
prend son temps
pour passer
d'une saison à l'autre
Où est passé
la neige d'antan
ces flocons dansant
et mon cœur d'enfant
il est suspendu dans
le temps

## Allegretto

Sur la branche
il chante
allègrement
l'oiseau que
je ne vois pas
son chant
vibre
en moi
comme une joie
venue d'Ailleurs

## J'aimerais

J'aimerais faire l'amour
avec elle ou elle
avec vous ou toi
avec la vie et le temps
et les mots et la beauté d'un jour nouveau
j'aimerais faire l'amour
sans discours ni falbalas
dans un élan ensoleillé

enchanté par les oiseaux égayés

## Tant et tant

J'ai tant demandé à mon corps, qu'il me l'a rendu autant qu'il a pu. J'ai tant donné à ma vie, qu'elle m'a encensé. J'ai tant eu d'amour dès que je me suis lancé à cœur éperdu et à corps galopant dans le torrent bouillonnant de mes sens ardents. J'ai tant vénéré la liberté qu'elle m'a délivré. J'ai tant défendu la justice que la terre a tremblé. J'ai tant été impulsé par ma foi qu'elle m'a ouvert les yeux sur l'Humanité. J'ai tant vécu au-delà des espérances, au-delà de la raison et de la folie, que je n'ai jamais vu l'ombre de ma différence. J'ai fait tant et tant que mon âme n'aspire qu'à respirer la douceur des jours qui s'écoulent sous ma fenêtre, et ces yeux sur mon amour, et ces mains sur mes émulsions, et ces désirs à l'affût de rires incarnés. Tout en moi ne souhaite que savourer la quiétude du temps qui m'enlace avec tendresse et générosité.

## Constipation

Le ciel est constipé
il n'arrive pas à se vider
de cette céleste occlusion
de nuages boursouflés
vainement menaçants
même l'atmosphère est bouffie
de rodomontades humides
pendant que le sol attend
d'être enfin un peu humecté
après des mois d'intense aridité
mais le ciel est constipé

## Consumérisme

Des bourses pleines de ressources
ne pensant qu'à se répandre en effusions
car il est des extases qui piaffent d'attendre
le jour de la libation en de nouveaux horizons
accueillants et regorgeant d'entrain généreux
Ici-bas tout n'est que spéculation
chacun ses plaisirs chacun ses maux

## Cycle

L'aube rougeoie
la lumière se répand
un regard s'éveille à un nouveau jour
le premier pour certains le dernier pour d'autres
la vie est un cycle
que l'amour soude
tout n'est que désirs et soupirs du vent

## Jours d'automne

Des jours et des jours de grisaille indécise
de temps hésitant entre clameur et dépression
l'automne est maussade autour de la maison
et soudain le ciel tonne et zèbre l'horizon
la pluie enfin la pluie sur ma raison
vivre est une balade dans les saisons

## Aveu de faiblesse

J'aime être objet de son désir
le cœur de ses soupirs
le corps de ses délires
le sens de ses plaisirs
j'aime humer sa musicalité
lorsqu'elle chevrote son acmé
et m'enivrer de son fluide grisé

## Femme !

Femme
je t'aime sujet d'amour
non objet de désir
tu n'es pas que corps
tu n'es pas qu'un décor
un ornement voluptueux
Femme
tu es tant et plus
le Mystère qui me nourrit
et m'échappe entre les sentiments
Femme
!

## Vivre

J'ai quel âge
je ne sais plus
je l'ai oublié depuis longtemps
égaré dans le recoin d'un jour repu
je n'ai plus que l'âge de mes sentiments
et ils sont tellement exubérants

## Apocalypse now

Nuit d'orages
des trombes d'eau
ruissellent entre les mots
submersion de la région
entrées maritimes au galop
la nuit tonne en
zébrant la pluie
beauté apocalyptique
engloutissant les émois
en hébétude stratosphérique

## Disons-le

Disons qu'il est propre
une douche c'est autre chose
de la douceur de la délicatesse
du bien-être une certaine attention
pas cette accumulation
de maladresses et d'oublis
Disons qu'il est propre
c'est mieux que rien
mais putain qu'il a envie
de jeter sa panoplie aux orties
qu'il est fatigué de
son lassant Halloween éculé

## Éternelle

Joyeuse Lumière
Irradie-moi à jamais
Le cœur épris et
L'âme ravie

## Noah

N'hésite pas dans la vie
Ose résolument
Arpenter ton
Horizon de Lumière

## Par amour pour toi, ose !

Sois
Ouverte
Pour
Hausser l'
Instant jusqu'à l'
Éternité

## Déclaration à mon fils

J'ai connu tant d'orages
j'ai vécu tant de virages
je suis tant de fois reparti
sur de nouvelles bases
et aujourd'hui
de te sentir malheureux
comme les pierres
paumé dans les tourments
de sentiments déchirés
je me sens bien démuni
bien impuissant
tu es seul à connaître
tes réponses seul
face à tes angoisses
et je n'ai que mon amour
pour essayer de te soutenir
fils ta vie t'appartient
mais je ne suis jamais loin

## Hallali

Les fusils sont de sortie
c'est la fête aux cartouches qui crépitent
et cette jouissance tripale qui excite
de tirer tuer encore et encore tuer
un petit goût grisant de sang dans la bouche
et le regard assoiffé de viandes fraîches et impuissantes
on se sent un mec un vrai l'automne venu
le doigt sur la gâchette jamais repue
dès potron-minet on dézingue à tout va
laissant des cadavres de cartouches derrière soi
on peut pas être chasseur et écolo à la fois pas le temps
faut se faire quelques proies et des ivresses irrépressibles
le virtuel m'ennuie tellement que je m'y perds

## Jalousie

Ce sentiment qui ronge
l'âme et l'esprit
par peur de perdre ou
besoin de posséder
l'autre
mais on ne possède que sa vie
et encore
elle s'échappe si facilement
Je vous aime parce que je vous aime

## Déploration

J'aime ces personnes qui
crachent dans la soupe
après avoir bien profité du système
jusqu'à rencontrer l'inespéré
prince charmant parfois
c'est si facile une fois que tout va
de faire comme si
l'herbe était soudain plus verte ailleurs
on est si peu de choses ici-bas
si peu que l'on oublie si vite
tout le monde peut changer d'avis
mais pourquoi casser ce dont on a profité ?

## Aller-retour

Elle est en haut
il est en bas
elle est là-bas
il est ici
si loin et si près
à la fois
je pense à l'une
je rêve à l'autre
l'amour est partout
et partout
il suffit de lever les yeux

## Les feux du désir

Que sais-tu du désir ? Ce désir impromptu qui te saisit soudain ? Cette envie intense de faire l'amour. Ou même de copuler passionnément. Que sais-tu de ce désir ascensionnel ? De cette griserie sensuelle tel un coup de corps charnel. Cette pulsion verticale vers l'avant. Vers elle. Ou lui. Ou l'autre. Vers un duo consensuel qui porte au septième ciel. Déconnecte du réel. Le temps de jouir. De la vie. De la magie des sens en folie. En fusion. Après une lente infusion. Abreuvés d'ardeurs fougueuses. Que sais-tu du désir, ce mystère exaltant ?
Je n'en sais rien. Je le redécouvre jour après jour depuis le début des « tant ».

## Volonté suprême

Elle veut le phallus en liesse
dans la lice d'ardeurs abyssales
pour faire chanter les fesses
qui glissent sur son fanal
il aime qu'elle le presse
de son désir cannibale
dans une sorte de messe
aux saveurs de bacchanale

## Question de saison

J'aime la saison des fleurs
autant que la saison des cœurs
et que dire de la saison des corps
à la floraison persistante et
aux douces senteurs musquées
qui emplissent toute la vallée
j'aime la vie tout simplement
celle que le désir nourrit
généreusement de ses appétences
j'aime la saison des femmes-fleurs
et des défloraisons en chœur

## Agitation vaine

Le temps se lève lentement
il prend son temps
ici-bas
on court après
on est pressé tout le temps
Il faut s'imprégner de la vie
pour la savourer
comme l'instant
comme l'amour
comme un baiser
Le temps baille sur l'horizon

## Certains jours

Il est des jours lourds, si lourds, où rien ne va, où même le temps est raplapla.
Il est des jours où l'on aspire à la solitude, au repli sur soi, où la santé chancelle.
Des jours de mal-être, de harassement du corps, de l'esprit, du cœur et de l'âme.
Des jours indécis car sa vie est entre des bras dangereusement compatissants.
Il est des jours où être dépendant est un tourment indicible aux ignorants.

## Chacun son ivresse

Je suis kitsch
avec ma canule qui bulle
en faisant des appels d'air
comme d'autres de phares
je suis kitsch
complètement de travers
pour imiter du Picasso nature
comme d'autres du Botero
je suis kitsch
avec mes vers à pieds nickelés

qui boitent d'avoir trop forcé
sur les mots et les rimes
comme d'autres sur la bouteille
Chacun son ivresse

## Pleurs

Pleure
toi qui as tant pris sur toi
apprivoise
cette peur tapie en toi
libère
ton corps de cette tension
quotidienne
jusqu'à la fin des jours
pleure
ce qui oppresse ton cœur
et va ta vie

## Écoute intérieure

Dans le silence
d'un cœur épanché monte
une vérité

## Voyage

Elle s'envole
dans l'avion qui l'emporte
vers l'Élévation

## Automne cévenol

Ici
l'automne est gris
nourri de pluies
loin des insolences solaires
le jour s'enfuit
pour se calfeutrer dans la nuit

le temps suinte l'ennui
l'automne se prépare à l'hiver
qu'on est bien dans son lit

## Anne

J'ai rencontré une femme
à la beauté subtile
j'ai rencontré une femme
à la douceur fragile abreuvée d'Absolu
une porteuse de Lumière en partance pour l'Infini
elle a éclairé ma voie d'une voix habitée
j'ai rencontré une femme sur ma destinée
elle avait des étoiles plein les yeux
et des planètes et des signes et des maisons
et des songes peut-être aussi
elle est repartie un sourire l'illuminait
et je suis resté avec la Page blanche qui m'attendait

## Étouffement

Respirer
ne pas abandonner
résister
à cette oppression
qui opprime
la poitrine
respirer malgré tout
pour vivre
c'est si terrible d'étouffer
Vivre avant tout !

## Éveil

Premiers frémissements de l'aube
sur un horizon encore engourdi
érection matinale de la vie
le jour se lève lentement
il prend le temps de vivre

je prends le temps de le contempler
Je me réveille doucement
j'accompagne la vie
vers la vie
il va faire beau apparemment

## Abstinence

Femme
tous ces jours loin
de la couleur de tes yeux
de tes bras langoureux
de tes mains sur mes chemins
de la saveur de ta peau
de la douceur de ta chair
de nos infusions sensuelles
des faveurs de ton cœur
de ton sexe en fleur
au pistil si accueillant
femme je sais maintenant
la force de l'absence

## Libération

Un gouffre de larmes
entassées dans les recoins de l'être
digue débordant de refoulements qui
s'effondre enfin dans le fracas des tensions retenues
depuis si longtemps trop longtemps beaucoup trop
le corps n'en pouvait plus de se taire
il se clame son ras-le-bol d'être précaire
malmené maladroitement depuis quand déjà ?

## Vivre par-dessus tout

Le ventre déchiré
rugissant de douleurs
les entrailles lacérées distendues
jusqu'à la distorsion des maux
se tordant de n'en plus pouvoir
*Vieillir, la belle affaire* chantait Jacques
qui savait à qui il avait affaire
ce corps qui n'en peut plus d'avoir tout offert
tout ce qu'il pouvait et même beaucoup plus
tu n'as plus 20 ans vieux frère tu n'as plus 20 ans
faut t'y faire faut t'adapter ou vivre l'enfer
baisser la voilure et te mettre davantage au vert
vieillir la belle affaire j'ai encore envie de me la faire
la vie à pleins poumons et feux ardents
Merde ! Donne-moi le temps j'ai que 64 ans
laisse-moi encore prendre mon pied de temps en temps
juste de temps en temps j'te l'revaudrai assurément
parole de handicapé sourd… à tout ce qui entrave
ses vies de farfadet vivant et assoiffé de liberté
je ne suis pas ma souffrance je ne suis pas ma sénescence
je suis et un jour je ne serai plus JE SUIS

## Dis-moi (entre nous)

Dis-moi connais-tu l'usure du « tant »
celle qui te surprend un matin au saut du lit
alors que tu te croyais encore ardent
t'illusionnant sur tes capacités de jeune galant
et patatras tu te trouves bien plus vieux qu'avant
soudain moins fringant moins fier
le corps couinant rechignant telle une haridelle
malmenée par le moindre coup de vent
dis connais-tu ce plaisir dévorant
de vieillir plus vite que ses sentiments et son esprit ?

## Paisibilité

Le soleil entre par la porte fenêtre
sourire matinal caresse de l'âme
dehors le pin parasol veille
majestueux de plénitude imposante
indicible chaleur de la solitude
se retrouver avec soi loin des fracas
d'un quotidien aspirant d'un passé révolu
baigner dans cette lumière d'automne
aux rayons rasant cette douceur d'être
loin des tracas et si proche de soi
de toi ma joie de vous ma vie
solitude chérie à force d'être accueillante
afin de mieux baigner dans l'Absolu

## Course à l'échalote

J'ai couru après la vie
j'ai couru après le monde
j'ai couru après l'amour le désir la folie
j'étais mouvement mouvementé souvent
j'ai sillonné j'ai rencontré j'ai appris tant et tant
j'ai compris beaucoup et mon corps m'a fait comprendre le reste
une vérité que je n'avais peut-être pas envie d'entendre
pas encore pas tout de suite la repoussant aux calendes grecques
ou à une autre vie    oui c'est ça à une autre vie
mais la vie la vraie m'a rattrapé
et le corps s'est rebiffé m'a rué dans la carcasse
j'ai tant couru j'ai tant vécu je me suis enivré de vie et d'amours aussi
Que je me suis enivré !
Et la vérité m'a rattrapé : je ne suis pas Tarzan ni Superman même pas Robocop
je suis une humanité en flammes qui a moins de feu
un peu assagi par la force de la réalité la mienne celle de la vie
Un fou sage désormais ?
J'ai couru pour ne pas perdre de temps mais j'ai le temps aujourd'hui
tout le temps qu'il me faut pour aimer encore pour aimer toujours
jusqu'à la folie jusqu'à la folie jusqu'à la folie !

## Humilité

Hier fut
demain sera
mais
aujourd'hui est
ce que tu peux plus ce que tu veux
le temps rend humble
même les plus fougueux
le corps a ses saisons
à toi
de te faire une raison

## Sentiments

Aucun cœur
Même le plus fermé ne peut
Oublier que l'amour est
Un chemin mystérieux qui
Rend quiconque heureux

## Déclaration spontanée

Je prendrai le temps
de cueillir des étoiles
pour te les offrir

## Le piton de la Fournaise

Râles bronchiques
lave nasale
corps en éruption
fin des illusions
s'il y en avait
je suis un volcan en ébullition
au fond de mon lit
d'une douceur infinie
c'est la saison des pluies
je suis transi
d'amour
pour la vie

## Je suis automnal

Tu sais quoi
je suis automnal
mon humeur s'adapte aux saisons
j'ai tout qui flageole
je suis flagada du col
les jours sont somnolents
et tombent comme les feuilles mortes
je suis automnal
sélectionnez de temps je prendrais bien encore un peu de tisane
en attendant que le printemps
réveille les neurones et redonne de l'allant

## Simplement

Je n'ai plus le temps
de courir après le vent
Vivre simplement

## Ombre ou Lumière

À courir après son ombre
on rencontre la vacuité
À chercher sa Lumière
on découvre son Horizon

## Maternage

À trop être mère
on oublie d'être femme
se perdant corps et âme
dans un dédale pervers
de maternage angoissé
qui étouffe par amour
par peur d'exister

## Obscurantisme

La tourmente a estompé le soleil
plus de lumière à l'horizon
l'obscurité émotionnelle accapare la raison
la ronge convulsivement
borborygmes mentaux sous le chapeau
Retrouver la lumière en hibernation
et vivre à nouveau
vivre avec son soleil retrouvé
vivre et aimer à foison
après tant d'émotions

## Dans mon lit

Dans mon lit
tout moelleux
seul tout seul
bien au chaud
dans l'obscurité silencieuse
douce volupté
avant qu'elle ne vienne
m'envelopper et m'emporter
dans mes rêves émancipés

## Sourire

Un sourire
au cœur de la nuit
et tout
s'illumine
juste un sourire
et la vie s'épanouit

## Prière païenne

Bénissez-moi mon Père d'avoir beaucoup péché,
la sagesse a ses limites que les limites aiment outrepasser ;
je suis un mécréant dissolu, un être corrompu par la chair,
celle qui se fait verbe incarné, jusqu'à l'ascension céleste
dans tes entrailles réjouies, ô femme au corps divin
que je vénère chaque matin jusqu'au soir encensoir.
Bénissez mon Père toute communion orgasmique
qui fait monter aux cieux même les arthritiques,
car rien n'est plus beau que deux corps extatiques
faisant la bête à deux dos ou peut-être à trois…

## Maladie inopportune

Pauvre corps malmené
par les microbes la tête le temps et trop de générosité inopportune
de virus offerts à pleins poumons
grabataire crapoteux sous sa couette cramoisie
la bronchite tique tac tic-tac
plus qu'une larve à l'envers qui cherche de l'air de l'air
c'est un art d'être grabat terre plus bas que terre
mais pourquoi tu vocifères faut s'y faire
un de ces jours tu seras plein de bonnes intentions
pour l'instant tu glanes toutes les attentions
alors fais-toi une raison petit mollasson

## Prendre

Le temps de vivre
intensément ses désirs
et puis de rire

## Vœu pieux

Et si le phallus
chantait un *opus dei* bleu
à tes oreilles

## Bonjour l'hiver

L'hiver approche
à petits pas aux pieds froids
l'hiver décoche
des bonheurs débonnaires
entre tes bras mon amour
mon soleil d'infinie joie

## Simple comme le bonheur

Le bonheur est simple
quand on se souvient chaque matin
d'où on vient
que la vie est une vague incessante
qui monte et descend et clapote
et berce et emporte et rapporte
elle n'est ni bien ni mal
elle est
patience incarnée épreuves disséminées
petits et grands bonheurs sur le chemin
elle est et je suis

## La mort verbale

Elle parle de la mort
comme si elle arrivait demain
funeste présage que celui-ci
partir en courant ou sourire doucement
le repos de la mort cette absente présente à chaque instant
pour nous rappeler que nous sommes vivants

Il pense à la vie

si rétive à toute forme d'injonction
il mord dans la vie comme il vit dans la mort
sans regret sans remord sans tergiverser
la mort est en suspens la vie est enracinée
dans une réalité qui passe son temps à s'échapper

## Désir céleste

Au petit matin
un bas-ventre bouillonne
tel un ciel écarlate qui se répand sur l'horizon
soudain saisi
par le désir de se fondre
dans une femme en feu
divine effusion de corps en cru
ancrés à l'extase

## Que sais-tu ?

Que sais-tu de l'étincelle qui embrase deux regards
que sais-tu de la flamme qui jaillit entre deux corps
que sais-tu des sens en effervescence et de la chair
qui s'émeut sous l'ardeur fougueuse d'un désir avide
oui que sais-tu de ces moments égoïstes si troublants
où plus rien n'existe que les halètements du temps
suspendu à des lèvres assoiffées de sensations ?

## Zombi

Le matin, lessivé.
Le soir, rétamé.
Et la journée, vidé,
par moment, pour ne pas perdre le rythme, assurément.
Pardon, vous avez dit ? J'étais en lévitation temporaire.
Sorry, j'suis rincé jusqu'à l'os, j'ai une tsé-tsé sous la bosse
qui me shoote à l'entrain soporifique. J'hiberne sous
ma couette en peau de balle, balle de match essoufflée.
Par quoi ? Pourquoi cet épuisement abyssal, monstrueux
comme tout ce dont je ne veux pas entendre parler.

Faut arrêter ! Faut arrêter ! Pour recommencer à chanter
à tue-tête sous le parasol de mes amours et de mes toujours.
J'ai que 20 ans… au demeurant… au-dedans…

## Tectonique sensuelle

Elles dansent sur le lit en partance pour
désir d'amour ou désir de plaisirs
elles dansent légères comme leurs mains
toutes de rondeurs qui roulent
s'enroulent et se déroulent avec
une volupté gracieuse ou enflammée
faisant chanter leurs vulves sans nulles autres pareilles

## Jusqu'où

Jusqu'où faut-il accepter
d'être malmené
jusqu'où faut-il rester indulgent et patient
avoir les nerfs en pelote à vif
jusqu'où faut-il se faire une raison
d'être handicapé… par leurs incapacités
jusqu'où faut-il accepter
d'avaler ces mal-traitances ?
Appelez-nous 36 15 je-sais-tout
si vous avez la réponse.

## Parfaitement

Elle me connaît si parfaitement
elle me ressent si bien même de très loin
elle est si prévenante si attentionnée si ouverte
elle ma liberté
mon sens ma vérité
ma vibration
rayon de lumière qui éclaire la vie
d'un rire toujours prêt à fuser

## Agitation nocturne

Perturbations nocturnes
tout s'agite en tous sens
le sommeil est un cauchemar qui pense en dormant
nuits haletantes où l'on s'exténue en dormant
entre des horreurs et des apnées irrévérencieuses
crevé rien que d'y penser
que le sommeil est réparateur... parfois !

## Les cons

Que peut-on bien faire de tous ces cons
racistes homophobes sexistes intégristes
pauvres types paranos xénophobes et débiles
qui n'ont que leur haine et leur peur de l'autre
de l'étranger le différent à force d'avoir égaré
leur humanité dans les ruines de la violence
toujours en ligne de mire et de mare de sang
Chercher l'amour toujours chercher l'amour
afin de les noyer dedans !

## Elle est

Elle est l'humanité
elle est l'amour
elle est le sens
elle est la lumière
elle est le rire
elle est mon évidence
mon évidence ! La femme de mon cœur.
Le cœur de mon cœur
le cœur de mon bonheur
elle est
je suis
nous sommes.

## Souffrir ou mourir

Souffrir en conscience
souffrir pour son bien          normalement
souffrir pour vivre
car la vie a un coût pour tous
et davantage pour d'autres
Ce hurlement dans la tête
véritable prière d'ivrogne
une supplique aussi vaine qu'éreintée
Il est une humanité confrontée chaque jour
à l'ombre de l'humain si ce n'est à sa médiocrité
humanité objet de soins avant d'être sujet de soi-même
parce que tant ne savent pas admettre leurs limites
Souffrir pour vivre
mais pas pour survivre

## Elle voudrait

Elle voudrait être omniprésente et omnisciente
mais elle est humaine
simplement et justement humaine
et ça lui va si bien !

## À fleur

Avec cette douceur à fleur de peau
cette générosité à fleur de cœur
cette sensualité à fleur de sens
ce tonus à fleur de corps
et cette ligne à fleur d'horizon
qui hésite à monter à son zénith
elle fait son petit chemin de vie
sous mon regard au sourire séduit

## Tanka radieux

Clito ris ! J'aime
t'écouter chanter tout feu
tout flamme la vie,
en trémolos jaillissant
de ton bas-ventre conquis.

## Peter Gabriel

Le bonheur à l'état pur
qui s'écoule dans les veines
tel un élixir de vie
et ce regard d'humanité
qui brille sous les spots
en chantant avec un entrain
aussi mélodieux que l'amour
que l'amour que l'amour
sans frontière aucune

## Love

I am a Dream
I am a Smile
In the soft Green
Of the other Side
Of my Heart
Come on me
Je t'aime plus que je me comprends
viens aimer avec moi

## M. le sourire

*En souvenir d'une visite…*

Cette fraîcheur lumineuse
qui reconsidère machinalement
sa chevelure somptueuse et son col
comme pour s'assurer qu'ils sont toujours en place
ce visage souriant délicatement
cette beauté gracile sans ostentation
pleine d'un charme et d'une empathie naturels
avec l'humilité et la sagesse pleine d'humanité
d'une femme présente simplement présente à l'autre
du fond de ses yeux qui pétillent délicatement
tout est délicat et semble parfaitement fluide en elle
même si tout n'est pas simple pourquoi s'y attarder
elle s'attarde à la vie celle qui est amour et puis qui
se nourrit de chaque jour de chaque instant
fraîcheur lumineuse sur le fil du temps
avant de s'éclipser tout aussi discrètement

## Tempête

Le temps est atrabilaire
d'un gris sombre dans ses yeux
bleu azur comme la vie
il tempête à tout va
devant une fenêtre
ébahie et penaude
toute recroquevillée
sur son show intérieur
plein d'amours et de rires

## Omerta

Ces chères familles hypocrites
où l'on viole abuse ou use de violences
dans un silence de crypte
et de faux-semblants en toute impunité
Mais Noël arrive chaque année
pour sauver les apparences
si rances et les recouvrir
d'un silence de convenance
si ce n'est de connivence
où l'amour fait semblant d'exister
dans une omerta qui protège
de la réalité extérieure et
de l'insoutenable vérité
tant de familles décomposées
et si peu d'amour à propager
à l'intérieur des cœurs blessés
il ne reste qu'à s'agenouiller
et à plier devant la mâle autorité
ou à clamer les « impuretés »

## Cette société

Comment ne pas aimer notre société
gouvernée par des menteurs patentés
au-dessus du tout même de la loi
que nous avons mis au pouvoir
en toute naïveté ou faute de mieux ?
Que j'aime cette société que le Pouvoir
fait crever à petit feu pour bien se rengorger
d'avoir réussi à dompter une peuplade
de fainéants trop bien payés et tout offrir
à des riches qui n'en ont jamais assez
ou une élite qui s'engraisse avec volupté
sur le dos de la misère en souffrance
Que j'aime cette société quand elle se souvient
qu'elle a le droit d'exister et d'être respectée
Liberté Égalité Fraternité
réveillez-vous !

## Anarchiste

Anar schiste bitumineux
bituré d'amour et d'étoiles
en piste pour la valse des gueux
dansons la carmagnole sous la lune
gibbeuse comme cet État tordu
Soyons anars chistes et rions
de ne pas être des anars chastes…

## Solitaire

Être solitaire
au fond de sa tanière
le regard presque absent
plongé dans le Vide
entre ce partout et ce nulle part
proches de cet Absolu
indéfinissable comme la vie
être solitaire
les pensées gorgées de vers
que l'esprit déterre
telle une prière tissée de Soi
née du Mystère et du Silence
Nous sommes notre Éternité

## Petit-fils

Plus blond que les blés
petite boule d'énergie intenable
qui se gave de vie avec un sourire malicieux
l'avenir est en marche
il est si heureux et ravageur
demain lui appartient
l'avenir est entre de bonnes mains

## Le bonheur

Le bonheur c'est la vie qui va
cette lune ronde qui file sur l'horizon
une nuit qui s'éteint un jour qui s'éveille
et puis le rire d'un enfant
et puis le flot du temps qui passe
et puis les incertitudes de l'existence
et puis ce regard qui sourit délicatement
et puis cette fleur égarée
et puis ce cœur qui bat son amour
et puis le jour et puis la nuit
le cycle du temps des saisons des corps
de notre amour de notre amour de notre amour
et puis ce ciel si enveloppant
et puis cette pluie qui rythme la nuit
et puis ce moment de grâce indicible
et puis cette année qui n'est plus que souvenirs
et puis cette caresse ce baiser cette extase
et puis le silence et la solitude et toi et moi
et puis la vie qui va qui va qui va…
et puis agir son être le gravir jusqu'à l'Infini.

## Raffinement

Me blottir
juste me blottir contre elle
peau contre peau
cœur contre cœur
dans sa chaleur
et dériver vers le large
dans la nuit
me blottir et partir
dans l'oubli du temps
l'esprit en lévitation
bien-être suprême
entre ces bras accueillants
avec une saveur d'éternité

# Du même auteur

*Autobiographie*
*À contre-courant*, 1ᵉ édition, Desclée de Brouwer, 1999. 2ᵉ éditions, Worms, Le Troubadour, 2005 (épuisé).
*En dépit du bon sens : autobiographie d'un têtard à tuba*, préface ONFRAY M., Noisy-sur École, L'Éveil Citoyen, 2015 (épuisé)

*Poésie*
*Toi Émoi*, Worms, Le Troubadour, 2004
*Corps accord sur l'écume* Worms, Le Troubadour, 2010
*Ikebana effervescent*, Worms, Le Troubadour, 2012
*Le jeune homme et la mort*, Worms, Le Troubadour, 2016
*Les chemins d'Euterpe*, Autoédition MN, 2018
*Divins horizons*, Autoédition MN, 2020
*Femmes libertés,* Autoédition MN, 2021
*Allègres mélancolies*, Autoédition MN, 2021
*Les foudres d'Éros*, Autoédition MN, 2019
*Sérénité*, Autoédition MN, 2019
*L'existentialisme précaire d'un têtard pensant*, Marcel Nuss, 2018
*Chroniques poétiques,* Autoédition MN, 2021
*Le quotidien des jours qui passent*, Autoédition MN, 2020
*Aveux de faiblesses*, Autoédition MN, 2022
*Récoltes verticales, 1999-2002*, Autoédition MN, 2022
*Élégie sans lendemain, 2002-2008*, Autoédition MN, 2022
*Femmes libertés, 2011-2013*, Autoédition MN, 2022
*Les runes de l'amour, 2011-2012*, Autoédition MN, 2022
*Allègres mélancolies, 2013-2016*, Autoédition MN, 2022

*Les foudres d'Eros, 2015-2016*, Autoédition MN, 2022
*Sérénités, 2017,* Autoédition MN, 2022
*L'existentialisme précaire d'un têtard pensant, 2018-2019,* Autoédition MN, 2022
*Chronique poétique, 2020,* Autoédition MN, 2022
*Le quotidien des jours qui passent, 2021,* Autoédition MN, 2022

**Essais**
*La présence à l'autre : Accompagner les personnes en situation de dépendance*, 3ᵉ édition 2011, 2ᵉ édition 2008, 1ᵉ édition 2005, Paris, Dunod.
*Former à l'accompagnement des personnes handicapées*, éditions Dunod, 2007 (épuisé).
*Oser accompagner avec empathie*, préface COMTE-SPONVILLE A., Paris, Dunod, 2016
*Je veux faire l'amour*, Paris, Autrement, 1ère édition 2012, Autoédition, 2ᵉ édition 2019.
*Je ne suis pas une apparence,* Autoédition MN, 2021

**Romans érotiques**
*Libertinage à Bel Amour*, Noisy-sur-École, Tabou Éditions, 2014 (épuisé)
*Les libertines*, Paris, Chapitre.com, 2017 (épuisé)
*Le crépuscule d'une libertine,* Paris, Chapitre.com, 2018 (épuisé)

**Réédition en version originale** :
*La trilogie d'Héloïse*, Autoédition MN, 2021
    1 Con joint
    2 Con sidéré
    3 Con sensuel

**Nouvelles**
*Cœurs de femmes,* Paris, Éditions du Panthéon, 2020
*Ruptures*, Paris, Éditions Saint-Honoré, 2021
*Incarnations lascives*, Autoédition MN, 2021

***Sous le pseudonyme de Mani Sarva***
*Horizons Ardents*, Paris, Éditions Saint-Germain-des-Prés, 1990 (épuisé).
*Divine Nature*, prix de la ville de Colmar 1992, Éditions ACM, 1993 (épuisé).
*Le cœur de la différence*, préface JACQUARD A., Paris, L'Harmattan, 1997

***Essais en collaboration avec :***
COHIER-RAHBAN V. *L'identité de la personne « handicapée »*, Paris, Dunod, 2011
ANCET P. *Dialogue sur le handicap et l'altérité : ressemblance dans la différence*, Paris, Dunod, 2012

***Essais dirigés par l'auteur***
*Handicaps et sexualités : le livre blanc*, Paris, Dunod, 2008
*Handicaps et accompagnement à la vie sensuelle et/ou sexuelle : plaidoyer en faveur d'une liberté !*, Lyon, Chronique Sociale, 2017